青少年 科普知识 读本

打开知识的大门，进入这多姿多彩的殿堂

U0676119

重点推荐

# 青少年知识小百科

瑞　烨◎编著

河北出版传媒集团

河北科学技术出版社

**图书在版编目(CIP)数据**

青少年知识小百科 / 瑞烨编著. --石家庄：河北
科学技术出版社，2013.5(2021.2重印)
ISBN 978-7-5375-5883-9

Ⅰ.①青… Ⅱ.①瑞… Ⅲ.①科学知识-青年读物②
科学知识-少年读物 Ⅳ.①Z228.2

中国版本图书馆CIP数据核字(2013)第095898号

**青少年知识小百科**

qingshaonian zhishi xiao baike

瑞烨　编著

| | | |
|---|---|---|
| 出版发行 | 河北出版传媒集团 | |
| | 河北科学技术出版社 | |
| 地　址 | 石家庄市友谊北大街330号(邮编:050061) | |
| 印　刷 | 北京一鑫印务有限责任公司 | |
| 经　销 | 新华书店 | |
| 开　本 | 710×1000　1/16 | |
| 印　张 | 13 | |
| 字　数 | 160千字 | |
| 版　次 | 2013年5月第1版 | |
| | 2021年2月第3次印刷 | |
| 定　价 | 32.00元 | |

好书如阶梯，引领人们一步步向更高的人生巅峰攀登，而融万千知识于一体的百科全书更是好书中的精品，读之不仅增长见识、拓展视野，也充实人生。

近几年，伴随着社会经济和人们思维的发展，全社会对百科知识的普及学习尤为重视，同时也对学生所学知识提出了更高的要求和标准，相关学校以及家长，均十分重视让孩子多接受一些百科知识的熏陶。百科知识不仅包含着丰富的知识点，它还超越普通知识门类的探索猎奇本质，让许许多多的人在轻松的阅读中，既感受到一份心灵的释放，也感受到知识的力量在无形中蔓延。与此同时，同一类型百科书籍，其体例形式和内容定位均不相同。这就使得许多家长和学校在为学生采购这些图书的时候，面临着各种矛盾，最突出的问题就是，图书本身与学生实际需求有着一定的差距。在这样一个前提之下，我们在编写过程中更加注重科学性和实用性。

本书信息量大，在包罗万象的知识体系中，总揽了学科知识、生物与环境、地理风貌、人文艺术、历史文化等方面内容，注入现代人的世界视野、理性判断和科学情怀，拓展出更高、更远的新境界。本书版式新颖，设计精美，图文并茂。

希望本书能够给广大的青少年朋友带来乐趣，并祝愿广大的青少年朋友学习进步，更上一层楼。

Foreword

# 前言

# 目录

## 第一章　学科知识

数学 ……………………………………………… 2

化学 ……………………………………………… 7

物理学 …………………………………………… 12

地球学 …………………………………………… 17

天文学 …………………………………………… 22

相关人物传记 …………………………………… 26

## 第二章　生物与环境

生物进化 ………………………………………… 32

生态环境 ………………………………………… 36

生命现象 ………………………………………… 40

相关人物传记 …………………………………… 54

Contents

目录

## 第三章　地理风貌

亚洲地理 ……………………………………… 60

欧洲地理 ……………………………………… 63

非洲地理 ……………………………………… 66

美洲地理 ……………………………………… 70

南极洲地理 …………………………………… 73

大洋洲地理 …………………………………… 76

相关人物传记 ………………………………… 80

## 第四章　人文艺术

雕塑 …………………………………………… 88

建筑 …………………………………………… 92

语言 …………………………………………… 98

书画艺术 ……………………………………… 104

篆刻 …………………………………………… 111

文学 …………………………………………… 117

音乐…………………………………………… 149

戏剧…………………………………………… 157

相关人物传记………………………………… 168

**目录**

## 第五章　历史文化

史前人类……………………………………… 174

古代文明……………………………………… 178

奴隶制帝国…………………………………… 182

封建王朝……………………………………… 187

著名历史事件………………………………… 192

相关人物传记………………………………… 196

Contents

# 第一章

# 学科知识

自然科学的根本目的在于寻找自然现象的来因。自然科学认为超自然的、随意的和自相矛盾的实验是不存在的。自然科学的最重要的两个支柱是观察和逻辑推理。由对自然的观察和逻辑推理，自然科学可以引导出大自然的规律。

# 数　学

## 数　学　定　义

数学起源于人类早期的生产活动，为中国古代六艺之一，被称为算术，又称算学，最后才改称为数学。亦被古希腊学者视为哲学之起点。数学的希腊语意思是"学问的基础"，源于 μάθημα（máthēma）（科学、知识、学问）。另外还有个比较狭隘，但是具有技术性的意义——"数学研究"，此一希腊语被亚里士多德拿来指"万物皆数"的概念。

数学的演进大约可以看成是抽象化的持续发展，或是题材的延展。第一个被抽象化的概念大概是数字，其对两个苹果及两个橘子之间有某样相同事物的认知是人类思想的一大突破。数学的发展在此突破之后经历了漫长的阶段。

（1）初等数学和古代数学：这是指 17 世纪以前的数学。主要是古希腊时期建立的欧几里得几何学，古代中国、古印度和古巴比伦时期建立的算术，欧洲文艺复兴时期发展起来的代数方程等。

（2）变量数学：是指 17～19 世纪初建立与发展起来的数学。从 17 世纪上半叶开始的变量数学时期，可以分为两个阶段：17 世纪的创建阶段（英雄时代）与 18 世纪的发展阶段（创造时代）。

（3）近代数学：是指 19 世纪的数学。近代数学时期的 19 世纪是数学的全面发展与成熟阶段，数学的面貌发生了深刻的变化，数学的绝大部分分支在这一时期都已经形成，整个数学呈现出全面繁荣的景象。

（4）现代数学：是指 20 世纪的数学。1900 年德国著名数学家希尔伯特（D. Hilbert）在世界数学家大会上发表了一个著名演讲，提出了 23 个预测和指导今后数学发展的数学问题，拉开了 20 世纪现代数学的序幕。

## 数学研究领域

数学研究的各领域包括数量、结构、空间、基础与哲学四个方面。

### 数量

数量的学习起于数，一开始为熟悉的自然数及整数与被描述在算术内的自然数及整数的算术运算。整数更深的性质被研究于数论中，此一理论包括了费马最后定理的著名结果。数论还包括两个被广为探讨的未解问题：孪生素数猜想及哥德巴赫猜想。

当数系更进一步发展时，整数被承认为有理数的子集，而有理数则包含于实数中，连续的数量即是以实数来表示的。实数则可以被进一步广义化成复数。数的进一步广义化可以持续至包含四元数及八元数。自然数的考虑亦可导致超限数，它公式化了计数至无限的这一概念。另一个研究的领域为其大小，这个导致了基数和之后对无限的另外一种概念：艾礼富数，它允许无限集合之间的大小可以做有意义的比较。

### 结构

许多如数及函数的集合等数学物件都有着内含的结构。这些物件的结构

性质被探讨于群、环、体及其他本身即为此物件的抽象系统中。此为抽象代数的领域。在此有一个很重要的概念，即向量，且广义化到向量空间，并研究于线性代数中。向量的研究结合了数学的三个基本领域：数量、结构及空间。向量分析则将其扩展至第四个基本的领域内，即变化。

### 空间

空间的研究源自于几何，尤其是欧式几何。三角学则结合了空间及数，且包含有著名的勾股定理。现今对空间的研究更推广到了更高维的几何、非欧几何（其在广义相对论中扮演着核心的角色）及拓扑学。数和空间在解析几何、微分几何和代数几何中都有着很重要的角色。在微分几何中有着纤维丛及流形上的计算等概念。在代数几何中有着如多项式方程的解集等几何物件的描述，结合了数和空间的概念；亦有着拓扑群的研究，结合了结构与空间。在其许多分支中，拓扑学可能是 20 世纪数学中有着最大进展的领域，并包含有存在久远的庞加莱猜想及有争议的四色定理，其只被电脑证明，而从来没有由人力来验证过。

### 基础与哲学

为了搞清楚数学基础，数学逻辑和集合论等领域被发展了出来。德国数学家康托（1845—1918）首创集合论，大胆地向"无穷大"进军，为的是给数学各分支提供一个坚实的基础，而它本身的内容也是相当丰富的，提出了实无穷的存在，为以后的数学发展作出了不可估量的贡献。康托的工作给数学发展带来了一场革命。由于他的理论超越直观，所以曾受到当时一些大数学家的反对，就连被誉为"博大精深，富于创举"的数学家 poincare 也把集合论比作有趣的"病理情形"，甚至他的老师 Kronecker 还击康托是"神经质"，"走进了超越数的地狱"。对于这些非难和指责，康托仍充满信心，他说："我的理论犹如磐石一般坚固，任何反对它的人都将搬起石头砸自己的脚。"他还指出："数学的本质在于它的自由性，不必受传统观念束缚。"这种争辩持续了十年之久。康托由于经常处于精神压抑之中，致使他1884年患了精神分裂症，最后死于精神病院。

然而，历史终究公平地评价了他的创造，集合论在20世纪初已逐渐渗透到了各个数学分支，成为了分析理论、测度论、拓扑学及数理科学中必不可少的工具。20世纪初世界上最伟大的数学家Hilbert在德国传播了康托的思想，把他称为"数学家的乐园"和"数学思想最惊人的产物"。英国哲学家罗素把康托的工作誉为"这个时代所能夸耀的最巨大的工作"。

# 数 学 分 类

从数学的研究领域可以将数学分成基础数学、应用数学、计算数学、概率论与数理统计、运筹学与控制论等。

（1）基础数学又称为理论数学或纯粹数学，是数学的核心部分，包含代数、几何、分析三大分支，分别研究数、形和数形关系。

（2）应用数学简单地说，即数学的应用。

（3）计算数学研究诸如计算方法（数值分析）、数理逻辑、符号数学、计算复杂性、程序设计等方面的问题。该学科与计算机密切相关。

（4）概率统计分概率论与数理统计两大块。

（5）运筹学与控制论，运筹学是利用数学方法，在建立模型的基础上，

解决有关人力、物资、金钱等的复杂系统的运行、组织、管理等方面所出现的问题的一门学科。

毕达哥拉斯曾说过数统治着宇宙。从人类祖先的茹毛饮血、刀耕火种到现在的下深海上九天，我们时刻都在用数学进行着思维的体操。数学突出着人类的发展，数学王国的疆域必将与我们现实世界大小息息相关。如果我们觉得世界太小，那么首先要做的就是对数学的突破。

# 化　学

## 化 学 定 义

"化学"一词，若单从字面解释就是"变化的科学"之意。化学如同物理皆为自然科学之基础科学。很多人称化学为"中心科学"，因为化学为部分科学学门的核心，如材料科学、纳米科技、生物化学。

从开始用火的原始社会，到使用各种人造物质的现代社会，人类都在享用化学成果。人类的生活能够不断提高和改善，化学在其中起了重要的作用，它的成就是社会文明的重要标志。

化学也如同物理学一样经历了漫长的阶段才成为一门以实验为基础的科学。

## 化学发展简史

### 化学的萌芽

古时候，原始人类为了他们的生存，在与自然界的种种灾难进行抗争中，发现和利用了火。原始人类从用火之时开始，由野蛮进入文明，同时也就开始用化学方法认识和改造天然

物质。燃烧就是一种化学现象。继而人类又陆续发现了一些物质的变化，如发现在翠绿色的孔雀石等铜矿石上面燃烧炭火，会有红色的铜生成。这样，人类在逐步了解和利用这些物质的变化的过程中，制得了对人类具有使用价值的产品。人类逐步学会了制陶、冶炼；以后又懂得了酿造、染色等。这些由天然物质加工改造而成的制品，成为古代文明的标志。在这些生产实践的基础上，萌发了古代化学知识。

古人曾根据物质的某些性质对物质进行分类，并企图追溯其本源及其变化规律。公元前4世纪或更早，中国提出了阴阳五行学说，认为万物是由金、木、水、火、土五种基本物质组合而成的，而五行则是由阴、阳二气相互作用而成的。此说法是朴素的唯物主义自然观，用"阴阳"这个概念来解释自然界两种对立和相互消长的物质势力，认为二者的相互作用是一切自然现象变化的根源。此说法为中国炼丹术的理论基础之一。

公元前4世纪，希腊也提出了与五行学说类似的火、风、土、水四元素说和古代原子论。这些朴素的元素思想，即为物质结构及其变化理论的萌芽。后来在中国出现了炼丹术，到了公元前2世纪的秦汉时代，炼丹术已颇为盛行，大致在公元7世纪传到阿拉伯国家，与古希腊哲学相融合而形成阿拉伯炼丹术、阿拉伯炼金术，并于中世纪传入欧洲，形成欧洲炼金术，后逐步演进为近代的化学。

与此同时，进一步分类研究了各种物质的性质，特别是相互反应的性能。这些都为近代化学的产生奠定了基础，许多器具和方法经过改进后，仍然在今天的化学实验中沿用。炼丹家在实验过程中发明了火药，发现了若干元素，制成了某些合金，还制出和提纯了许多化合物，这些成果我们至今仍在利用。

### 化学的中兴

16世纪开始，欧洲工业生产蓬勃兴起，推动了医药化学和冶金化学的创立和发展，使炼金术转向生活和实际应用，继而更加注意物质化学变化本身的研究。在元素的科学概念建立后，通过对燃烧现象的精密实验研究，建立了科学的氧化理论和质量守恒定律，随后又建立了定比定律、倍比定律和化合量定律，为化学进一步科学的发展奠定了基础。

19世纪初，建立了近代原子论，突出地强调了各种元素的原子质量为其最基本的特征，其中量的概念的引入，是与古代原子论的一个主要区别。近代原子论使当时的化学知识和理论得到了合理的解释，成为说明化学现象的统一理论。分子假说提出后，建立了原子分子学说，为物质结构的研究奠定了基础。门捷列夫发现元素周期律后，不仅初步形成了无机化学的体系，并且与原子分子学说一起形成化学理论体系。

通过对矿物的分析，发现了许多新元素，加上对原子分子学说的实验验证，经典性的化学分析方法也有了自己的体系。草酸和尿素的合成、原子价概念的产生、苯的六环结构和碳价键四面体等学说的创立、酒石酸拆分成旋光异构体，以及分子的不对称性等的发现，导致有机化学结构理论的建立，使人们对分子本质的认识更加深入，并奠定了有机化学的基础。

19世纪下半叶，热力学等物理学理论引入化学之后，不仅澄清了化学平衡和反应速率的概念，而且可以定量地判断化学反应中物质转化的方向和条件。相继建立了溶液理论、电离理论、电化学和化学动力学的理论基础。物理化学的诞生，把化学从理论上提高到一个新的水平。

近代物理的理论和技术、数学方法及计算机技术在化学中的应用，对现代化学的发展齐了很大的推动作用。

**化学巅峰**

19 世纪末，电子、X 射线和放射性的元素发现为化学在 20 世纪的重大进展创造了条件。作为 20 世纪的时代标志，人类开始掌握和使用核能。放射化学和核化学等分支学科相继产生，并迅速发展；同位素地质学、同位素宇宙化学等交叉学科接踵诞生。元素周期表扩充了，已有 109 号元素，并且正在探索超重元素以验证元素"稳定岛假说"。与现代宇宙学相依存的元素起源学说和与演化学说密切相关的核素年龄测定等工作，都在不断补充和更新元素的观念。

合成各种物质，是化学研究的目的之一。在无机合成方面，首先合成的是氨。氨的合成不仅开创了无机合成工业，而且带动了催化化学，发展了化学热力学和反应动力学。后来相继合成的有红宝石、人造水晶、硼氢化合物、金刚石、半导体、超导材料和二茂铁等配位化合物。

20 世纪是有机合成的黄金时代。化学的分离手段和结构分析方法已经有了很大发展，许多天然有机化合物的结构问题纷纷获得圆满解决，一方面，合成了各种有特种结构和特种性能的有机化合物；另一方面，合成了从不稳定的自由基到有生物活性的蛋白质、核酸等生命基础物质。有机化学家还合成了有复杂结构的天然有机化合物和有特效的药物。这些成就对促进科学的发展起了巨大的作用；为合成有高度生物活性的物质，并与其他学科协同解决有生命物质的合成问题及解决前生命物质的化学问题等，提供了有利的条件。

# 当代化学概况

20 世纪以来，化学发展的趋势可以归纳为：由宏观向微观、由定性向定量、由稳定态向亚稳定态发展，由经验逐渐上升到理论，再用于指导设计和开创新的研究。一方面，为生产和技术部门提供尽可能多的新物质、新材料；

另一方面，在与其他自然科学相互渗透的进程中不断产生新学科，并向探索生命科学和宇宙起源的方向发展。

根据当今化学学科的发展以及它与天文学、物理学、数学、生物学、医学、地学等学科相互渗透的情况，化学可作如下分类：无机化学、有机化学、物理化学、分析化学、高分子化学、核化学、生物化学、表面化学。其他与化学有关的边缘学科还有地球化学、海洋化学、大气化学、环境化学、宇宙化学、星际化学等。

现在，化学日益渗透到生活的各个方面，特别是与人类社会发展密切相关的方面。总之，化学与人类的衣、食、住、行以及能源、信息、材料、国防、环境保护、医药卫生、资源利用等方面都有密切的联系，它是一门社会迫切需要的实用学科。

# 物理学

## 物理的定义

"物理"一词最先出自希腊文 φυσικ，原意是指自然。古时欧洲人称物理学为"自然哲学"。从最广泛的意义上来说即是研究大自然现象及规律的学问。汉语、日语中"物理"一词起自于明末清初科学家方以智的百科全书式著作《物理小识》。

在物理学的领域中，研究的是宇宙的基本组成要素：物质、能量、空间、时间及它们的相互作用；借由被分析的基本定律与法则来完整了解这个系统。物理在经典时代是由与它极相像的自然哲学的研究所组成，直到 19 世纪物理才从哲学中分离出来成为一门实证科学。对于物理学来说理论预言与现实是否一致是判定真理的唯一标准。

物理学的发展经过了三个漫长的阶段，根据它不同阶段的特点，大致可以分为物理学萌芽时期、经典物理学时期和现代物理学时期三个发展阶段。

## 物理学的萌芽

在古代，由于生产水平的低下，人们对自然界的认识主要依靠不充分的观察和在此基础上进行的直觉的、思辨性猜测，来把握自然现象的一般性质，因而自然科学的知识基本上是属于现象的描述、经验的总结和思辨的猜测。

那时，物理学知识是包括在统一的自然哲学之中的。在这个时期，首先得到较大发展的是与生产实践密切相关的力学，如静力学中的简单机械、杠杆原理、浮力定律等。在《墨经》中，有力的概念（"力，形之所以奋也"）的记述；光学方面，积累了关于光的直进、折射、反射、小孔成像、凹凸面镜等的知识。《墨经》上关于光学知识的记载就有八条。在古希腊欧几里得的（公元前450—前380年）著作中也有光的直线传播和反射定律的论述，并且对光的折射现象也作了一定的研究。电磁学方面，发现了摩擦起电、磁石吸铁等现象，并在此基础上发明了指南针。声学方面，由于音乐的发展和乐器的创造，积累了不少乐律、共鸣方面的知识。

在这个时期，观察和思辨虽然是人们认识自然的主要手段和方法，但也出现了一些类似于用实验来研究物理现象的方法。例如，我国宋代沈括在《梦溪笔谈》中的声共振实验和利用天然磁石进行人工磁化的实验，以及赵友钦在《革象新书》中的大型光学实验等都是典型的事例。

总之，从远古直到中世纪（欧洲通常把5世纪到15世纪叫做中世纪）末，由于生产的发展，虽然积累了不少物理知识，也为实验科学的产生准备了一些条件并做了一些实验，但是这些都还称不上系统的自然科学研究。在这个时期，物理学尚处在萌芽阶段。

## 经典物理学的发展

15世纪末叶，资本主义生产关系的产生，促进了生产和技术的大发展；席卷西欧的文艺复兴运动，解放了人们的思想，激发起人们的探索精神。近代自然科学就在这种物质的和思想的历史条件下诞生了。系统的观察实验和

严密的数学演绎相结合的研究方法被引进物理学中，导致了 17 世纪主要在天文学和力学领域中的"科学革命"。牛顿力学体系的建立，标志着近代物理学的诞生。整个 18 世纪，物理学处在消化、积累、准备的渐进阶段。新的科学思想、方法和理论，得到了传播、完善和扩展。牛顿力学完成了解析化工作，建立了分析力学；光学、热学和静电学也完成了奠基性工作，成为物理学的几门基础学科。人们以力学的模型去认识各种物理现象，使机械论的自然观成为 18 世纪物理学的统治思想。到了 19 世纪，物理学获得了迅速和重要的发展，各个自然领域之间的联系和转化被普遍发现，新数学方法被广泛引进物理学，相继建立了波动光学、热力学和分子运动论、经典电磁场理论等完整的、解析式的理论体系，使经典物理学臻于完善。

## 现代物理学的概况

19 世纪末叶物理学上一系列重大发现，使经典物理学理论体系本身遇到了不可克服的危机，从而引起了现代物理学革命。由于生产技术的发展，精密、大型仪器的创制以及物理学思想的变革，这一时期的物理学理论呈现出高速发展的状况。研究对象由低速到高速，由宏观到微观，深入到广袤的宇宙深处和物质结构的内部，对宏观世界的结构、运动规律和微观物质的运动规律的认识，产生了重大的变革。相对论的量子力学的建立，克服了经典物理学的危机，完成了从经典物理学到现代物理学的转变，使物理学的理论基础发生了质的飞跃，改变了人们的物理世界图景。1927 年以后，量子场论、原子核物理学、粒子物理学、天体物理学和现代宇宙学，得到了迅速的发展。物理学向其他学科领域的推进，产生了一系列物理学的新部门和边缘学科，并为现代科学技术提供了新思路和新方法。现代物理学的发展，引起了人们对物质、运动、空间、时间、因果乃至生命现象的认识的重大变化，对物理学理论的性质的认识也发生了重大变化。现在越来越多的事实表明，物理学在揭开微观和宏观深处的奥秘方面，正酝酿着新的重大突破。现代物理学的理论成果应用于实践，出现了像原子能、半导体、计算机、激光、宇航等许多新技术科学。这些新兴技术正有力地推动着新的科学技术革命，促进生产的发展。而随着生产和新技术的发展，又反过来有力地促进物理学的发展。

根据物理学的发展总结，物理学的分支有经典力学及理论力学。理论力学研究的是物体机械运动的基本规律。电磁学及电动力学研究的是电磁现象、物质的电磁运动规律及电磁辐射等规律。热力学与统计物理学研究的是物质热运动的统计规律及其宏观表现。相对论和时空物理研究物体的高速运动效应、相关的动力学规律以及关于时空相对性的规律。量子力学研究的是微观物质运动现象以及基本运动规律。此外，还有粒子物理学、原子核物理学、原子分子物理学、固体物理学、凝聚态物理学、激光物理学、等离子体物理等。

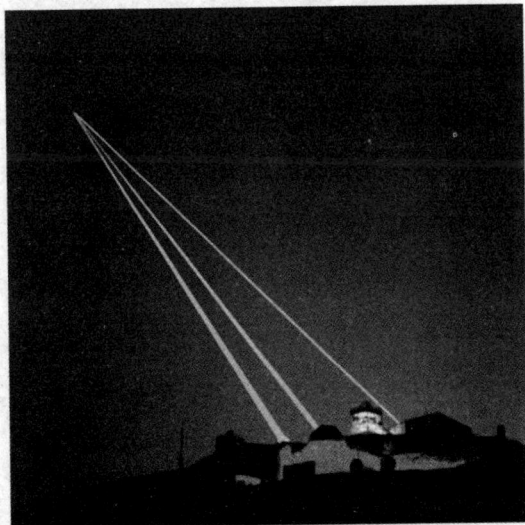

物理学是人们对无生命自然界中物质的转变的知识做出规律性的总结。其次，物理又是一种智能。诚如诺贝尔物理学奖得主、德国科学家玻恩所言："与其说是因为我发表的工作里包含了一个自然现象的发现，倒不如说是因为那里包含了一个关于自然现象的科学思想方法基础。"物理学之所以被人们公认为一门重要的科学，不仅仅在于它对客观世界的规律作出了深刻的揭示，还因为它在发展、成长的过程中，形成了一整套独特而卓有成效的思想方法体系。正因为如此，使得物理学当之无愧地成了人类智能的结晶，文明的瑰宝。有人统计过，自20世纪中叶以来，在诺贝尔化学奖、生物及医学奖，甚至经济学奖的获奖者中，有一半以上的人具有物理学的背景；这意味着他们从物理学中汲取了智能，转而在非物理领域里获得了成功。反过来，却从未发现有非物理专业出身的科学家问鼎诺贝尔物理学奖的事例。这就是物理智能的力量。难怪国外有专家十分尖锐地指出：没有物理修养的民族是愚蠢的民族！

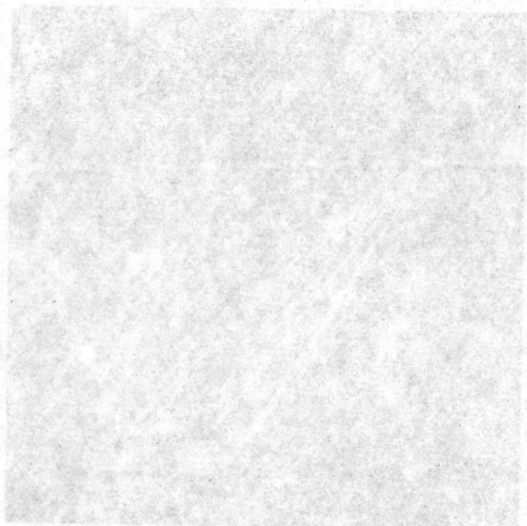

# 地 球 学

## 地球科学定义

地球科学是以地球系统（包括大气圈、水圈、岩石圈、生物圈和日地空间）的过程与变化及其相互作用为研究对象的基础学科。主要包括地理学（含土壤学与遥感）、地质学、地球物理学、地球化学、大气科学、海洋科学和空间物理学以及新的交叉学科（地球系统科学、地球信息科学）等分支学科。

地球科学是一个大题目，纵横几万里，上下数亿年，几乎辐射到自然科学的其他各个领域。对地球的认识同世界各民族的起源、历史、文化乃至这个世界文明的进展，都是紧密联系在一起的。

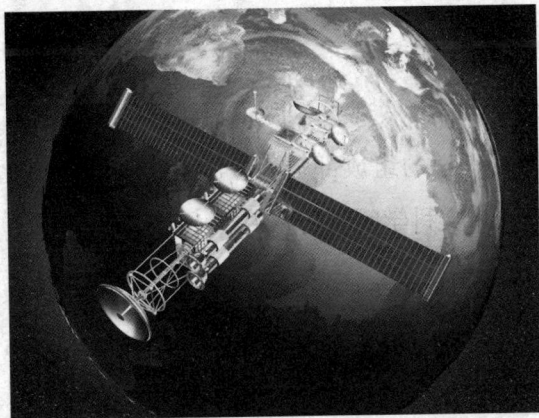

# 地球科学分类

### 地质学

地质学是对地球的起源、历史和结构进行研究的学科。主要研究地球的物质组成、内部构造、外部特征、各圈层间的相互作用和演变历史。在现阶段，由于观察、研究条件的限制，主要以岩石圈为研究对象，并涉及水圈、大气圈、生物圈和岩石圈下更深的部位，以及某些地外物质。

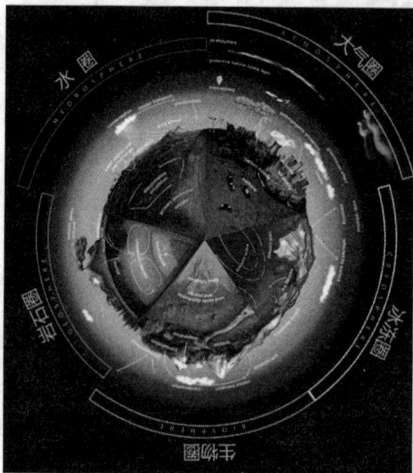

### 地球物理学

地球物理学是通过定量的物理方法研究地球的学科，特别是通过地震反应、折射、重力、地磁、电、电磁和放射能的方法。

### 大气科学

大气科学研究大气的结构、组成、物理现象、化学反应、运动规律，是地球科学的一个分支。研究对象主要是地球以及太阳系其他行星的大气圈。

### 海洋学

海洋学是研究海洋的自然现象、性质及其变化规律，以及开发利用海洋的知识体系，是地球科学的组成部分。海洋学与物理学、化学、生物学、地质学以及大气科学、水文科学等密切相关。

### 水文学

水文学属于地球科学，研究的是关于地球表面、土壤中、岩石下和大气中水的发生、循环、含量、分布、物理化学特性、影响以及与所有生物之间的关系的科学。

## 气象学

气象学是把大气当作研究的客体，从定性和定量两方面来说明大气特征的学科，集中研究大气的天气情况和变化规律，以及对天气的预报。气象学是大气科学的一个分支。

## 自然地理学

自然地理学是地理学两大分支之一，注重于研究自然环境的形式和活动。而相反的，对建成环境的研究则归属于人文地理学。在自然地理研究中，地球常按照不同的环境被分为几个圈层，如大气圈、生物圈、岩石圈、水圈等。对自然地理学的研究常常使用跨学科的研究方法以及系统思维。

## 地形学

地貌学，又称地形学，是一门研究地球表面起伏形态、分布规律、物质结构、发展历史和开发利用的科学，是自然地理学的一个分支学科，也是地质学和地理学之间的一门边缘交叉学科。从语源来看，地貌学的英文 Geomorphology 源自希腊语，由 Geo（地球）、Morphe（外表形态）和 Logos（论述）三词组成，即关于地球外表面貌的论述。

## 土壤学

土壤学是研究土壤及其生成的学科，是土壤科学的分支。它对研究植物的生长、繁殖以至分布都起着重要影响。从农业角度来看，土壤是指陆地上能够让植物生长的疏松表层。

## 矿物学

矿物学是运用物理学、化学方法等不同领域来研究矿物的物理、化学性质、晶体结构、自然分布和状态的一门科学。

## 古生物学

古生物学是研究古地质时代中的生物及其发展的科学。对古代生物的形

态、分类、生活方式、生存条件和地质史分布等进行研究。

### 沉积学

沉积学是研究形成沉积地层的沉积作用、沉积过程及沉积物的地质学分支学科。沉积学是从沉积岩岩石学中的沉积作用部分发展、演化而来的，并形成了更广泛的研究内容和应用范围。它解释沉积地层的垂向和横向的关系，从多方面探讨沉积地层中构成地质记录的特征，作出成因分析，并使之上升为理论。

### 大地测量学

大地测量学，根据德国大地测量学家 F. R. Helmert 的经典定义，它是一门量测和描绘地球表面的学科，也包括确定地球重力场和海底地形。

### 环境科学

环境科学是一门研究环境的物理、化学、生物三个部分的学科。它提供了综合、定量和跨学科的方法来研究环境系统。由于大多数环境问题涉及人类活动，因此经济、法律和社会科学知识往往也可用于环境科学研究。

### 地球化学

地球化学是一门属于地学和化学相互融合的边缘学科，主要研究化学元素和其同位素在地球（广义可包括部分天体）演化历史中的分布、分配、迁移等规律的科学。

## 地球科学研究的意义

对于地球科学的研究者而言，地球作为人类共同的家园，在人类科技还未能真正找到新的适合人类居住的行星之前，所做的一切研究都是在监控和改造这唯一的生命之地，或者避免由于人类自身的原因断送这个宝贵的星球。如今随着经济和人口的双向增长，地球本身无私供给的资源是否足够人类的发展成为地球科学研究者至关重要的课题，有人提出疑问随着人口不断增长，多种资源日见匮乏，会不会坐吃山空？人类社会经济的发展是不是正在走向终结？

悲观者认为，1972 年发表的研究报告《增长的极限》列举了人口、工业化的资金、粮食、不可再生资源和环境污染等五个方面的问题。结论是在一定的技术经济和自然条件下，社会经济的发展和资源的开发都是有极限的。由于这个报告是根据大量实际材料作出的论证，因而引起了强烈的反响，被学术界权威人士评价为是"一个里程碑"。

乐观者认为，1981 年发表的研究成果《资源》一书提出，可供人类利用的资源是没有穷尽的，资源的相对劳动成本及价格均在不断降低，人类的生态环境必将好转，恶化只是工业化过程中的暂时现象，粮食在未来将不成问题，人口在未来将自然地达到平衡。西蒙（C. L. Simon）为乐观论的著名代表。

但无论观点如何，人类的历史本身就是由于可利用资源的稀缺而为此不断抗争开拓新资源的历史，在我们的科技未达到新的高度前，目前地球可提供的资源仍是稀缺的。如今人类已经站在了发展的十字路口。1972 年 6 月，联合国首次在瑞典的斯德哥尔摩召开人类环境会议，会议的宣言指出，现已达到历史上这样一个时刻，为这一代和将来的世世代代保护和改善人类环境，已成为人类的一个紧迫目标。20 年后的 1992 年，各国首脑又在巴西的里约热内卢集会，会议再次提出，保护环境是实现社会可持续发展的重要条件，而人类正处在关键的位置。如何维持人类的可持续发展成为地球科学研究者们日益紧迫的课题。

# 天 文 学

## 天文学的产生和发展

当您抬头仰望天空时，您知道那些闪闪发光的东西是什么吗？一些是行星，但多数为恒星，还有一些是巨大的星系，每个星系中都有成百上千亿颗恒星。天文学就是研究宇宙中的行星、恒星以及星系的科学。天文学家的任务就是解释我们在夜空中所看到的各种天体，他们还致力于了解其他一些东西，例如，恒星的年龄以及它们与地球之间的距离等。如今天文学主要通过观测天体发射到地球的辐射，发现并测量它们的位置，探索它们的运动规律，研究它们的物理性质、化学组成、内部结构、能量来源及其演化规律。

天文学是一门古老的科学，自有人类文明史以来，天文学就有重要的地位。古代的天文学家通过观测太阳、月球和其他一些天体及天象，确定了时间、方向和历法。这也是天体测量学的开端。如果从人类观测天体，记录天象算起，天文学的历史至少已经有五六千年了。天文学在人类早期的文明史中，占有非常重要的地位。埃及的金字塔、欧洲的巨石阵都是很著名的史前天文遗址。

天文学的研究范畴和天文的概念从古至今不断发展。在古代，人们只能用肉眼观测天体。2世纪时，古希腊天文学家托勒密提出的地心说统治了西方对宇宙的认识长达一千多年。直到16世纪，波兰天文学家哥白尼才提出了新的宇宙体系的理论——日心说。到了1610年，意大利天文学家伽利略独立制造折射望远镜，首次以望远镜看到了太阳黑子、月球和一些行星的表面及盈亏。在同时代，牛顿创立牛顿力学使天文学出现了一个新的分支学科——天体力学。天体力学诞生使天文学从单纯描述天体的几何关系和运动状况进入到研究天体之间的相互作用和造成天体运动的原因的新阶段，在天文学的发展历史上，是一次巨大的飞跃。

19 世纪中叶天体摄影和分光技术的发明，使天文学家可以进一步深入地研究天体的物理性质、化学组成、运动状态和演化规律，从而更加深入到问题本质，从而也产生了一门新的分支学科——天体物理学。这是天文学的又一次重大飞跃。

20 世纪 50 年代，射电望远镜开始应用。到了 20 世纪 60 年代，取得了称为"天文学四大发现"的成就：微波背景辐射、脉冲星、类星体和星际有机分子。而与此同时，人类也突破了地球的束缚，可到天空中观测天体。除可见光外，天体的紫外线、红外线、无线电波、X 射线、伽马射线等都能观测到。这些使得空间天文学得到巨大发展，也对现代天文学成就产生很大影响。随着人类社会的发展，天文学的研究对象从太阳系发展到整个宇宙。

现在天文学按照研究方法的不同，已经形成了天体测量学、天体力学和天体物理学三大分支学科。按观测手段分类已形成光学天文学、射电天文学和空间天文学几个分支学科。

## 研究对象和领域

天文学的研究对象是各种天体。地球也是一个天体，因此作为一个整体的地球也是天文学的研究对象之一。最初，古人通过观察太阳、月球和天空中的星星来确定时间、方向和历法，并记录天象。随着天文学的发展，人类

的探测范围到达了距地球约 100 亿光年的距离，根据尺度和规模，天文学的研究对象可以分为以下内容。

行星层次：包括行星系中的行星、围绕行星旋转的卫星和大量的小天体，如小行星、彗星、流星体以及行星际物质等。太阳系是目前能够直接观测的唯一的行星系。但是宇宙中存在着无数像太阳系这样的行星系统。

恒星层次：现在人们已经观测到了亿万个恒星，太阳只是无数恒星中很普通的一颗。

星系层次：人类所处的太阳系只是处于由无数恒星组成的银河系中的一隅。而银河系也只是一个普通的星系，除了银河系以外，还存在着许多的河外星系。星系又进一步组成了更大的天体系统，星系群、星系团和超星系团。

整个宇宙：一些天文学家提出了比超星系团还高一级的总星系。按照现在的理解，总星系就是目前人类所能观测到的宇宙的范围，半径超过了 100 亿光年。

在天文学研究中最热门、也是最难令人信服的课题之一就是关于宇宙起源与未来的研究。对于宇宙起源问题的理论层出不穷，其中最具代表性，影响最大，也是最多人支持的就是 1948 年美国科学家伽莫夫等人提出的大爆炸理论。根据现在不断完善的这个理论，宇宙是在约 137 亿年前的一次猛烈的爆炸中诞生的。然后宇宙不断地膨胀，温度不断地降低，产生各种基本粒子。随着宇宙温度进一步下降，物质由于引力作用开始塌缩，逐级成团。在宇宙年龄约 10 年时星系开始形成，并逐渐演化为今天的样子。

## 天文学的研究方法与手段

天文学研究的对象有极大的尺度，极长的时间，极端的物理特性，因而地面试验室很难模拟。因此天文学的研究方法主要依靠观测。由于地球大气对紫外线辐射、X 射线和伽马射线不透明，因此许多太空探测方法和手段相继出现，如气球、火箭、人造卫星和航天器等。天文学的理论常常由于观测信息的不足，天文学家经常会提出许多假说来解释一些天文现象。然后再根据新的观测结果，对原来的理论进行修改或者用新的理论来代替。这也是天文学不同于其他许多自然科学的地方。天文学的主要研究方法是观测，不断地创造和改良观测手段，也就成了天文学家们不懈努力的一个课题。

多年来，天文观测手段已从传统的光学观测扩展到了从射电、红外、紫外到 X 射线和 γ 射线的全部电磁波段。这导致一大批新天体和新天象的发现，例如，类星体、活动星系、脉冲星、微波背景辐射、星际分子、X 射线双星、γ 射线源等，使得天文研究空前繁荣和活跃。口径 2 米级的空间望远镜已经进入轨道开始工作。西班牙已经有了口径 10.4 米的加那利大型望远镜，凯克天文台于 2013 年 3 月 18 日正式迎来了 20 岁的生日，拥有两座世界上口径第二大的光学/近红外线望远镜，口径 10 米。射电方面的甚长基线干涉阵和空间甚长基线干涉仪，红外方面的空间外望远镜设施，X 射线方面的高级 X 射线天文设施等不久都将问世。γ 射线天文台已经投入工作。这些仪器的威力巨大，远远超过现有的天文设备。可以预料，这些天文仪器的投入使用必将为天文学注入新的生命力，使人们对宇宙的认识提高到一个新的水平，天文学正处在大飞跃的前夜。遵循着观测—理论—观测的发展途径，天文学将不断把人的视野伸展到宇宙的新的深处。

# 相关人物传记

## 分析的化身——欧拉

莱昂哈德·欧拉（1707—1783），1707 年出生在瑞士的巴塞尔城，18 世纪最优秀的数学家。也是历史上最伟大的数学家之一，被称为"分析的化身"。莱昂哈德·欧拉小时候就特别喜欢数学，不满 10 岁就开始自学《代数学》。这本书连他的几位老师都没读过，可小欧拉却读得津津有味，遇到不懂的地方，就用笔作个记号，事后再向别人请教。13 岁就进入巴塞尔大学读书，这在当时是个奇迹，曾轰动了数学界。小欧拉是这所大学，也是整个瑞士大学校园里年龄最小的学生。他在大学里得到当时最有名的数学家微积分权威约翰·伯努利（Johann Bernoulli, 1667—1748）的精心指导，并逐渐与其建立了深厚的友谊。约翰·伯努利后来曾这样称赞这个青出于蓝而胜于蓝的学生："我介绍高等分析时，它还是个孩子，而你将它带大成人。"两年后的夏天，欧拉获得巴塞尔大学的学士学位，次年，欧拉又获得巴塞尔大学的哲学硕士学位。1725 年，欧拉开始了他的数学生涯。

1725 年约翰·伯努利的儿子丹尼尔·伯努利赴俄国，并向沙皇喀德林一世推荐了欧拉，这样，在 1727 年 5 月 17 日欧拉来到了彼得堡。1733 年，年仅 26 岁的欧拉担任了彼得堡科学院数学教授。1735 年，欧拉解决了一个天文学的难题（计算彗星轨道），这个问题经几个著名数学家数个月的努力才得到解决，而欧拉却用自己发明的方法，三天便完成了。过度的工作使他得了眼病，并且不幸右眼失明了，这时他才 28 岁。1741 年欧拉应普鲁士彼德烈大帝的邀请，到柏林担任科学院物理数学所所长，直到 1766 年。后来在沙皇喀德林二世的诚恳教聘下重回彼得堡，不料没有多久，左眼视力衰退，最后完全失明。不幸的事情接踵而来，1771 年彼得堡的大火灾殃及欧拉住宅，带病而失明的 64 岁的欧拉被围困在大火中，虽然他被别人从火海中救了出来，但他的书房和大量研究成果全部化为灰烬了。

沉重的打击，仍然没有使欧拉倒下，他发誓要把损失夺回来。欧拉完全失明以后，虽然生活在黑暗中，但仍然以惊人的毅力与黑暗搏斗，凭着记忆和心算进行研究，直到逝世，竟达 17 年之久。

欧拉的记忆力和心算能力是罕见的，他能够复述年青时代笔记的内容；心算并不限于简单的运算，高等数学里的计算一样可以用心算去完成。有一个例子足以证明他的本领，欧拉的两个学生把一个复杂的收敛级数的 17 项加起来，算到第 50 位数字，两人相差一个单位，欧拉为了确定究竟谁对，用心算进行全部运算，最后把错误找了出来。欧拉在失明的 17 年中还解决了使牛顿头痛的月离问题和很多复杂的分析问题。

欧拉的风格是很高的，拉格朗日是稍后于欧拉的大数学家，从 19 岁起和欧拉通信，讨论等周问题的一般解法，这引起变分法的诞生。等周问题是欧拉多年来苦心考虑的问题，拉格朗日的解法，博得欧拉的热烈赞扬。1759 年 10 月 2 日欧拉在回信中盛赞拉格朗日的成就，并谦虚地压下自己在这方面较不成熟的作品暂不发表，使年轻的拉格朗日的作品得以发表和流传，并赢得巨大的声誉。他晚年的时候，欧洲所有的数学家都把他当做老师，著名数学家拉普拉斯（Laplace）曾说过："读读欧拉、读读欧拉，它是我们大家的老

师!"1783 年 9 月 18 日的下午，欧拉为了庆祝他计算气球上升定律的成功，请朋友们吃饭，那时天王星刚发现不久，欧拉写出了计算天王星轨道的要领，还和他的孙子逗笑，喝完茶后，突然疾病发作，烟斗从手中落下，口里喃喃地说："我要死了。"欧拉终于"停止了生命和计算"。

在兴奋中突然停止了呼吸的欧拉，享年 76 岁。欧拉生活、工作过的三个国家：瑞士、俄国、德国，都把欧拉作为自己的数学家，为有他而感到骄傲。

## 无机化学史的巨匠——门捷列夫

季米特里·门捷列夫（1834—1907），生在西伯利亚。他从小热爱劳动，喜爱大自然，学习勤奋。门捷列夫生于有 17 个子女的中学校长家庭，他排行 14。出生刚数月，父亲双目突然失明，接着又丢掉了校长的职务。微薄的退休金难以维持生计，全家搬进附近一个村子里，因为舅舅在那里经营一个小型玻璃厂。工人们熔炼和加工玻璃的场景，对他以后从事与烧杯、烧瓶打交道的化学研究产生很大影响。1841 年秋，不满七周岁的门捷列夫和十几岁的哥哥一起考进市中学，在当地轰动一时。不幸总爱跟随贫苦人家。门捷列夫 13 岁时父亲去世，14 岁时工厂遭火灾化为灰烬，母亲只好再次搬家，将成年的女儿们嫁出去，让两个儿子参加工作。1849 年春，门捷列夫中学毕业，母亲变卖家产，一心想让小儿子上大学。在父亲的一位朋友的帮助下，门捷列夫进入彼得堡师范学院物理系。只过了一年，就成为优等生。紧张学习之余，还撰写科学简评得到少量稿费。这时他已经失去任何经济支持，舅舅和母亲相继去世。1854 年，他大学毕业并荣获学院的金质奖章，23 岁成为副教授，31 岁成为教授。

1860 年门捷列夫在为著作《化学原理》一书考虑写作计划时，深为无机化学的缺乏系统性所困扰。于是，他开始搜集每一个已知元素的性质资料和有关数据，把前人在实践中所得成果，凡能找到的都收集在一起。人类关于元素问题的长期实践和认识活动，为他提供了丰富的材料。他在研究前人所

得成果的基础上，发现一些元素除有特性之外还有共性。例如，已知卤素元素的氟、氯、溴、碘，都具有相似的性质；碱金属元素锂、钠、钾暴露在空气中时，都很快就被氧化，因此都是只能以化合物形式存在于自然界中；有的金属如铜、银、金都能长久保持在空气中而不被腐蚀，正因为如此它们被称为贵金属。

　　于是，门捷列夫开始试着排列这些元素。他把每个元素都建立了一张长方形纸板卡片。在每一块长方形纸板上写上了元素符号、原子量、元素性质及其化合物。然后把它们钉在实验室的墙上排了又排。经过了一系列的排队以后，他发现了元素化学性质的规律性。

　　因此，当有人将门捷列夫对元素周期律的发现看得很简单，轻松地说他是用玩扑克牌的方法得到这一伟大发现的，门捷列夫却认真地回答说，从他立志从事这项探索工作起，一直花了大约20年的工夫，才终于在1869年发表了元素周期律。他把化学元素从杂乱无章的迷宫中分门别类地理出了一个头绪。此外，因为他具有很大的勇气和信心，不怕名家指责，不怕嘲讽，勇于实践，敢于宣传自己的观点，终于得到了广泛的承认。

　　1907年1月27日，俄国首都彼得堡寒风凛冽，太阳黯淡无光，寒暑表上的水银柱降到-20℃多，街上到处点着蒙有黑纱的灯笼，显出一派悲哀的气氛。几万人的送葬队伍在街上缓缓移动着，在队伍最前头，既不是花圈，也不是遗像，而是由十几个青年学生扛着的一块大木牌，上面画着好多方格，方格里写着"C""O""Fe""Zn"等元素符号。原来，死者是著名的俄国化学家门捷列夫，木牌上画着好多方格的表是化学元素周期表——门捷列夫对化学的主要贡献。他的名著伴随着元素周期律而诞生的《化学原理》，在19

世纪后期和 20 世纪初，被国际化学界公认为标准著作，前后共出了八版，影响了一代又一代的化学家。

# 电子世界的掌门人——洛伦兹

洛伦兹（1853—1928），荷兰物理学家、数学家，1853 年 7 月 18 日生于阿纳姆，并在该地上小学和中学，成绩优异，少年时就对物理学感兴趣，同时还广泛地阅读历史和小说，并且熟练地掌握多门外语。他虽然生长在基督教的环境里，但却是一个自由思想家。

1870 年洛伦兹考入莱顿大学，学习数学、物理和天文。1875 年获博士学位。1877 年，莱顿大学聘请他为理论物理学教授，这个职位最早是为 J. D. 范瓦耳斯设的，其学术地位很高，而这时洛伦兹年仅 23 岁。在莱顿大学任教 35 年，他对物理学的贡献都是在这期间做出的。1911～1927 年担任索尔维物理学会议的固定主席。在国际物理学界的各种集会上，他经常是一位很受欢迎的主持人。1923 年成为国际科学协作联盟委员会主席。他还是世界上许多科学院的外国院士和科学学会的外国会员。

洛伦兹还是一位教育家，他在莱顿大学从事普通物理和理论物理教学多年，写过微积分和普通物理等教科书。在哈勒姆他曾致力于通俗物理讲演。他一生中花了很大一部分时间和精力审查别人的理论并给予帮助。他为人热诚、谦虚，受到爱因斯坦、薛定谔和其他青年一代理论物理学家们的尊敬，他们多次到莱顿大学向他请教，爱因斯坦曾说过，他一生中受洛伦兹的影响最大。洛伦兹于 1928 年 2 月 4 日在荷兰的哈勒姆去世，终年 75 岁。为了悼念这位荷兰近代文化的巨人，举行葬礼的那天，荷兰全国的电信、电话中止三分钟。世界各地科学界的著名人物参加了葬礼。爱因斯坦在洛伦兹墓前致词说，洛伦兹的成就"对我产生了最伟大的影响"，他是"我们时代最伟大、最高尚的人"。

# 第二章
# 生物与环境

在自然界，环境可以影响生物的表现型，自然生物生存依赖于环境，但也能够影响和改变环境，两者相互影响，彼此关联。

# 生物进化

## 生命的诞生

地球上最初并没有生命。那么，最初的生命是怎样出现的呢？生命的起源大约在46亿年前，地球刚刚形成。那时候地球的温度很高，地面上的环境与现在完全不同：天空中赤日炎炎，电闪雷鸣，地面上火山喷发，熔岩横溢。从火山喷出的气体，如水蒸气、氨、甲烷等，构成了原始的大气层。与现在的大气成分明显不同的是，当时的大气中没有游离的氧。这些气体在高温、紫外线以及雷电等自然条件下的长期作用下，形成了许多简单的有机物。后来，地球的温度逐渐降低，原始大气中的水蒸气凝结成雨降落到地面上，这些有机物又随着雨水进入湖泊和河流，最终汇集到原始的海洋中。原始的海洋就像一盆稀薄的热汤，其中所含的有机物不断地相互作用，经过极其漫长的岁月，逐渐形成了原始的生命。所以，原始的海洋是生命的摇篮。目前，地球上已知的生物在200万种左右，而且陆续有新物种发现。在漫长的岁月中，这些生物是怎样由低等到高等进化而来的呢？

原始生命诞生以后，经过长期的自然选择，逐步进化成为原始的原核生物。人们在30多亿年前的地层中，就已经发现了细菌化石。

这些原始的细菌以周围环境中的有机物为养料，进行无氧呼吸，属于厌氧的异养生物。经过若干亿年以后，异养细菌消耗掉了早期地球上的大部分有机物。在这种情况下，它们经过突变和自然选择逐步分化出了自养型的生物。这些生物可能是蓝藻类的原核生物。自养生物能够利用太阳光能，以无机物为原料合成有机物，并放出氧。一些学者根据地质方面的证据，推断蓝藻在20亿年前已经非常兴旺，那时大气中的氧含量达到了现在大气的1%。大气氧含量的增多，又为需氧型生物的产生创造了条件。需氧型生物通过有氧呼吸能够将有机物彻底氧化分解，释放出较多的能量供生物进行生命活动。因此，与厌氧型生物相比，需氧型生物的新陈代谢效率明显提高。

大约在距今十多亿年以前，地球上出现了真核生物。真核生物的出现在生物进化历史上具有重要意义。这主要表现在以下两个方面：第一，与原核细胞相比，真核细胞的结构和功能要复杂得多；第二，真核细胞在增殖时，是进行有丝分裂，而有性生殖过程中的减数分裂，实质上是一种特殊方式的有丝分裂，所以说，有丝分裂为有性生殖的产生奠定了基础。生物体通过有性生殖，实现了基因的重组，这就增强了生物的变异性，直接推动了生物的进化。有关的化石资料表明，在地球上出现了进行有性生殖的生物以后，生物进化的步伐大大加快了。在现存的生物中，绝大多数都是进行有性生殖的。随着真核生物的出现，动植物开始分化和发展。动物的出现，形成了一个新的三极生态系统。绿色植物（真核植物和原核蓝藻）通过光合作用制造食物，是自然界的生产者；细菌和真菌是自然界的分解者；动物是自然界的消费者。

## 动植物的进化

植物进化的历程大致是，生活在海洋中的原始藻类，经过极其漫长的年代，逐渐进化成为适应陆地生活的原始苔藓植物和蕨类植物，使原来的不毛之地开始披上绿装。但是，它们的生殖还都需要有水的环境，后来，一部分原始的蕨类植物进化成为原始的种子植物，包括原始的裸子植物和被子植物，它们的生殖完全脱离了水的限制，更加适应陆地生活。

动物进化的历程大致是，生活在海洋中的原始单细胞动物，经过极其漫长的年代，逐渐进化成为种类繁多的原始无脊椎动物，包括腔肠动物、扁形

动物、线形动物、软体动物和环节动物等，这几类动物的结构越来越复杂，但是，它们大都需要生活在有水的环境中。后来发展到了原始的节肢动物，它们有外骨骼和分节的足，比如昆虫等，对陆地环境的适应能力较强，脱离了水生环境。

地球上最早出现的脊椎动物是古代的鱼类。经过数万年的进化，某些鱼类进化成为原始的两栖类，某些两栖类进化成原始的爬行类，爬行动物是第一批真正摆脱对水的依赖而真正征服陆地的脊椎动物，可以适应各种不同的陆地生活环境。爬行动物也是统治陆地时间最长的动物，其主宰地球的中生代也是整个地球生物史上最引人注目的时代，那个时代，爬行动物不仅是陆地上的绝对统治者，还统治着海洋和天空，地球上没有任何一类其他生物有过如此辉煌的历史。大多数爬行动物的类群已经灭绝，只有少数幸存下来，某些爬行类又进化成为原始的鸟类和哺乳类。各类动物的结构逐渐变得复杂，生活环境逐渐由水中到陆地，最终完全适应陆上生活。总之，生物的进化历程可以概括为：由简单到复杂，由低等到高等，由水生到陆生。

## 人类的诞生

人类又是从哪里来的？我们知道，人体具有体温恒定、胎生、哺乳等哺乳动物的基本特征，这说明人类与哺乳动物有着较近的亲缘关系。而在哺乳动物中，类人猿与人类的亲缘关系要算是最近的了。例如，类人猿中的黑猩猩，无论是在血型、骨骼、内脏器官的结构和功能上，还是在面部表情和行为上，都与人类很相似。此外，人类学家的研究也充分证明了人类和类人猿是近亲，二者有着共同的原始祖先。

原来，人类和类人猿都起源于森林古猿。最初，森林古猿在茂密的森林里过着树上生活。后来，地球上的一些地区，气候变得干燥了，森林减少了。在这些地区生活的森林古猿被迫下到地面上来寻找食物，经过漫长的年代，它们就逐渐进化成现代的人类。那么，其他地区的森林古猿呢？它们仍然生活在森林里，伴随着时间的推移，有的灭绝了，有的就逐渐进化成了现在的类人猿。下到地面上生活的那部分森林古猿，逐渐能够直立行走，而前肢则能够用树枝、石块等来获取食物、防御敌害。在运用这些天然工具的过程中，它们逐渐学会了制造简单的工具。久而久之，人类祖先的双手变得越来越灵巧，大脑也越来越发达。在这个过程中，它们还产生了语言和意识，逐渐形成了社会。人类文明的出现，也是古猿逐步进化成人的标志之一。

# 生态环境

## 生态环境定义

生态环境就是"由生态关系组成的环境"的简称，是指与人类密切相关的，影响人类生活和生产活动的各种自然（包括人工干预下形成的第二自然）力量（物质和能量）或作用的总和。生态平衡是动态的平衡。一旦受到自然和人为因素的干扰，超过了生态系统自我调节能力而不能恢复到原来比较稳定的状态时，生态系统的结构和功能遭到破坏，物质和能量输出输入不能平衡，造成系统成分缺损（如生物多样性减少等），结构变化（如动物种群的突增或突减、食物链的改变等），能量流动受阻，物质循环中断，一般称为生态失调，严重的就是生态灾难。生态环境破坏对人类生存影响很大。它的主要形式有土壤退化、水土流失、土地荒漠化、土地盐碱化、臭氧层破坏、酸雨等类型。

## 生态破坏

### 温室效应——地球发烧之谜

温室效应是指二氧化碳、一氧化二氮、甲烷、氟利昂等温室气体大量排向大气层，使全球气温升高的现象。目前，全球每年向大气中排放的二氧化碳大约为230亿吨。比20世纪初增加20%。至今仍以每年0.5%的速度递增，这必将导致全球气温变暖、生态系统破坏以及海平面上升。据有关数据统计预测，到2030年全球海平面上升约20厘米，到本世纪末将上升65厘米，严重威胁到低洼的岛屿和沿海地带。

### 臭氧层破坏——女娲后代需补天

臭氧层是高空大气中臭氧浓度较高的气层，它能阻碍过多的太阳紫外线照射到地球表面，有效地保护地面一切生物的正常生长。臭氧层的破坏主要是现代生活大量使用的化学物质氟利昂进入平流层，在紫外线作用下分解产生的原子氯通过连锁反应而实现的。最近研究表明，南极上空15～20千米间的低平流层中臭氧含量已减少了40%～50%，在某些高度，臭氧的损失可能高达95%。北极的平流层中也发生了臭氧损耗。臭氧层的破坏将会增加紫外线β波的辐射强度。据资料统计分析，臭氧浓度降低1%，皮肤癌增加4%，白内障发生则增加0.6%。到21世纪初，地球中部上空的臭氧层已减少了5%～10%，使皮肤癌患者人数增加了26%。

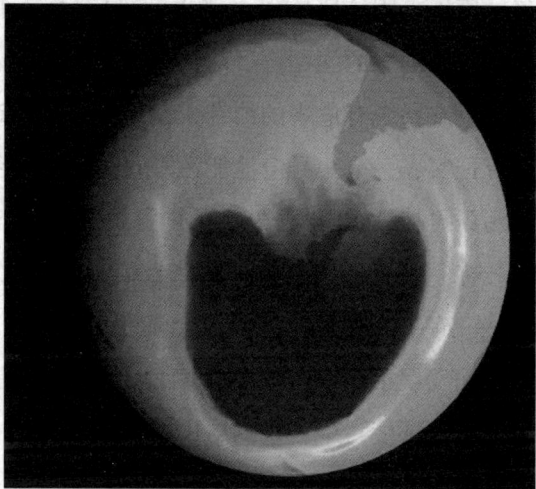

### 土地退化和沙漠化——孕育沙漠的温床

土地退化和沙漠化是因为过度放牧、耕作、滥垦滥伐等人为因素和一系列自然因素的共同作用，最终导致土地质量下降并逐步沙漠化的过程。全球土地面积的15%已因人类活动而遭到不同程度的退化。土地退化中，水侵蚀占55.7%，风侵蚀占28%，化学现象（盐化、液化、污染）占12.1%，物理现象（水涝、沉陷）占4.2%。土壤侵蚀年平均速度为每公顷0.5～2吨。全

球每年损失灌溉地150万公顷。70%的农用干旱地和半干旱地已沙漠化，最为严重的是北美洲、非洲、南美洲和亚洲。在过去的20年里，因土地退化和沙漠化，使全世界饥饿的难民由4.6亿增加到5.5亿人。

### 废物质污染及转移——工业文明的后遗症

废物质污染及转移是指工业生产和居民生活向自然界或向他国排放的废气、废液、固体废物等，严重污染空气、河流、湖泊、海洋和陆地环境以及危害人类健康的问题。目前，市场中有7万~8万种化学产品，其中对人体健康和生态系统有危害的约有3.5万种，具有致癌、致畸的种类有500余种。据研究证实，一节一号电池能污染60升水，能使十平方米的土地失去使用价值，其污染可持续20年之久。塑料袋在自然状态下能存在450年之久。当代"空中死神"——酸雨，其对森林土壤、湖泊及各种建筑物的影响和侵蚀已得到公认。有害废物的转移常常会演变成国际交往的政治事件。发达国家非法向海洋和发展中国家倾倒危险废物，致使发展中国家蒙受巨大危害，直接导致接受地的环境污染，影响居民的健康。

### 森林面积减少——地球之肺溃疡

森林被誉为"地球之肺""大自然的总调度室"，对环境具有重大的调节功能。因发达国家广泛进口和发展中国家开荒、采伐、放牧，使得森林面积大幅度减少。据绿色和平组织估计，100年来，全世界的原始森林有80%遭到破坏。另据联合国粮农组织最新报告显示，如果用陆地总面积来算，地球的森林覆盖率仅为26.6%。森林减少导致土壤流失、水灾频繁、全球变暖、物种消失等。一味向地球索取的人类，已将生存的地球推到了一个十分危险的境地。

### 生物多样性减少——人类将患"孤独症"

生物多种性减少是指包括动植物和微生物的所有生物物种，由于生态环境的丧失，对资源的过分开发，环境污染和引进外来物种等原因，使这些物种不断消失的现象。据估计，地球上的物种约有3000万种。自1600年以来，已有724个物种灭绝，目前已有3956个物种濒临灭绝，3647个物种为濒危物种，7240个物种为稀有物种。仅1975—2000年短短的25年就有50万～100万种物种消亡。生物多样性的存在对物种进化以及保护生物圈的平衡具有不可替代的作用。

**核污染——摆脱不掉的阴影**

核污染是指由于各种原因产生核泄漏甚至核爆炸而引起的放射性污染。其危害范围大，对周围生物破坏极为严重，持续时期长，事后处理危险复杂。如1986年4月，苏联切尔诺贝利核电站发生核泄漏事故，13万人被疏散，经济损失达150亿美元。

人口爆炸，已使地球不堪重负；环境污染，已使其伤痕累累；生态失衡，已使她失去了昔日的辉煌；物种灭绝危及整个生物圈。面对无穷无尽的污染，河流在悲泣，泉水在呻吟，海水在怒号。森林匿迹，溪流绝唱，草原退化，流沙尘扬。我们的地球，正超负荷运转；我们的家园，正走向衰亡，人类的警钟，是我们自己把她敲响。挽救自然，挽救生态，挽救环境，挽救地球已刻不容缓。否则，人类的末日将是自己酿造的一杯毒酒。

# 生命现象

海龟早在二亿多年前就出现在地球上了，是有名的"活化石"。据《世界吉尼斯纪录大全》记载，海龟的寿命最长可达 152 年，是动物中当之无愧的老寿星。

正因为龟是海洋中的长寿动物，所以，沿海人将龟视为长寿的吉祥物，就像内地人把松鹤作为长寿的象征一样，并有"万年龟"之说。

## 贝 类 之 王

在贝类这个大家族中，谁的个头最大？海洋动物学家可以告诉你，砗磲的个头最大。砗磲属双壳纲。人们在太平洋的热带海域发现的大砗磲，壳的直径超过二米，体重达 2000 千克以上。据说，在早期的海洋考察中，发现的砗磲更大。

砗磲生活在热带珊瑚礁海域，喜欢栖息于低潮线附近的珊瑚礁岩中。幼体时，亮顶伸出强有力的足丝，牢固地黏着在海底岩礁上。因此，一旦幼体黏到了岩礁上，便终生不移位。有的砗磲则在珊瑚礁上穿洞穴居，把自己的身体埋在珊瑚礁之中。

砗磲的食物是海水中微小的浮游生物。潮涨潮落，海水流动，便把热带海域中各种浮游生物"送到"砗磲的嘴边，砗磲只需张开嘴，吸收海洋中的营养。每当砗磲吃饱了，需要阳光时，砗磲便张开双壳，伸出五颜六色的外套膜，像一件极不规则的印有彩色图案的纱巾，在海水中荡来荡去。美丽极了。

砗磲就是通过这种方法获得阳光、获得水中的氧及各种营养，使自己的身体不断生长。有时，大砗磲壳内也能长出珍珠，而且个头不小，且寿命长。根据砗磲壳上的"年轮"计算，砗磲的寿命长达上百年。

砗磲的闭壳肌肥大，而且营养丰富。当地渔民将采来的砗磲"肉"制成干制品——蚵筋，是南亚一些国家餐桌上的名菜佳菜。砗磲壳可以烧石灰，是工艺品的重要原料，因此，近些年来，人们过量采集砗磲，使其资源遭到破坏。在 1983 年，国际上已把砗磲列为世界稀有物种，加以保护。

砗磲的分布并不广泛，其主要生活区域在印度洋、太平洋的热带珊瑚礁海域。在我国的台湾附近海域、南海海域，特别是西沙、南沙及南海其他岛屿的珊瑚海域都有分布。因其数量有限，所以颇具增值空间。

砗磲一名始于东汉时代，因其纹理很像车轮的形状，故称之为砗磲。砗磲、珊瑚、珍珠、琥珀被列为西方四大有机宝石，砗磲的纯白度被列为世界之最。砗磲经过千百年孕育生长，所散发出的磁场能量非常强大，具有使佩戴者增进身心的调和，启发自在的智慧，摧破烦恼的功能。自古在清朝二品官上朝时戴的朝珠由砗磲穿制而成；在西藏以及各地的佛教高僧手持砗磲穿制的念珠。砗磲洁白庄严，祥瑞吉祥，具有辟邪保平安，消灾解厄，消除聚灵、改变风水，供佛灵修，属佛学上的密宝。在《本草纲目》上记录砗磲有镇心、安神等功效，经长期佩戴具有不可思议的神奇力量和感应，如增强免疫力、防止老化、稳定心律、改善失眠等效果。

## 最 懒 的 鱼

印鱼又称吸盘鱼，是硬骨鱼纲、鲈目、印鱼科的鱼类。

印鱼主要分布于热带海域，借头顶的吸盘构造，经常贴附在大型鱼类身上四处遨游，是一种喜欢搭便车的特殊鱼类；形状像橡皮章的吸盘，是由第一背鳍特化形成的，鳍条由盘中央向两侧分裂，呈羽状排列，整个吸盘自上

颚延长到胸鳍上方。

印鱼体形为一个细长的纺锤，最大的长印鱼，体长 1 米左右。印鱼通常吸附在鲨鱼等大鱼的身上，海龟、海豚或船壁上也是它栖息的地方，小印鱼比较喜欢吸附在剑鱼或鲔鱼身上。

被印鱼吸附的鱼，无法摆脱印鱼；印鱼自己想离开时，只要向前游动就可脱离大鱼，这种附在其他鱼身上的行为，鱼类学家认为是一种相互有利的共生行为，印鱼为了行动方便而搭便车，它也帮被吸附的鱼清除身上的寄生虫。

大西洋中的印鱼，在 6 月、7 月产卵，地中海的印鱼在 8 月、9 月产卵，小鱼孵化后，长到 3.8 厘米时，就可以利用吸盘吸附在其他物体表面。印鱼在搭便车途中，发现有可以吃的小鱼，就会游离被吸附的大鱼，自己设法摄食。

热带地区的土著人，有时候会利用印鱼的吸盘钓海龟，把绳子绑在印鱼身上，然后抛到海里，等印鱼吸附到海龟背上时，只要把绳子收上来，就可以钓到海龟。

比较常见的印鱼有长印鱼、白短印鱼和短鳍印鱼，菱印鱼、短印鱼和澳洲印鱼就比较少见了。

我国南海也有它的踪迹。印鱼有两个背鳍，第一只背鳍已经演变为一个椭圆形的吸盘。这个吸盘很奇特，它长在印鱼的头顶上，吸盘的中间有一条纵线。纵线把吸盘分成左右两个部分。每一边都有 22～24 对排列整齐的软骨板。吸盘的周边有一圈薄而有弹性的皮膜。这样，印鱼就可以附着在鲨鱼、海龟甚至轮船的腹面，做长途旅行了。印鱼是如何吸附在海龟和鲨鱼身上的呢？原来，每当印鱼看到大海龟和大鲨鱼路过身边时，就立刻游上前去。把身体紧紧地贴在它们的身上。然后，立即将皮膜和软骨板竖起来。这样吸盘中的水就被挤出去了。这时，吸盘中成为一个真空的部分。靠着吸盘外部海水的巨大压力，印鱼就牢牢地固定住了。有人曾经测定过，一条 60 厘米的印鱼，竟然经得起 10 千克的拉力。

渔民们知道印鱼的这一习性，就利用这一特点为自己服务。他们在捉到的印鱼尾鳍上打孔，用尼龙绳穿透，系牢，然后把它放回海里。一旦印鱼遇到大海龟，就会吸附上去。这时渔民就会毫不费力地捉到猎物。一般的，只要放出两到三只印鱼，就会捕获一只大海龟。科学家们从印鱼吸盘的原理受到启发，设计了一种打捞沉船的"人造吸盘"。在打捞沉船时，只要将"人造吸盘"贴在打捞物品上，然后用起重机将沉船提出水面。

## 飞得最远的鱼

在我国南海和东海上航行的人们，经常能看到这样的情景：深蓝色的海面上，突然跃出了成群的"小飞机"，它们犹如群鸟一般掠过海空，高一阵，低一阵，翱翔竞飞，景象十分壮观。有时候，它们在飞行时竟会落到汽艇或轮船的甲板上面，使船员坐收渔利。这种像鸟儿一样会飞的鱼，就是海洋上闻名遐迩的飞鱼。这是一种中小型鱼类，因为它会"飞"，所以人们都叫它飞鱼。飞鱼生活在热带、亚热带和温带海洋里，在太平洋、大西洋、印度洋及地中海都可以见到它们飞翔的身姿。

飞鱼是个大家族，系鲻目飞鱼科统称，我国产的飞鱼有弓头燕鳐、尖头燕鳐等6种。飞鱼的长相很奇特，身体近于圆筒形，它虽然没有昆虫那样善于飞行的翅膀，也没有鸟类那样搏击长空的双翼，可是它们有非常发达的胸鳍，长度相当于身体的2/3，看上去有点像鸟的翅膀，并向后伸展到尾部。腹鳍也比较大，可以作为辅助滑翔用。它的尾鳍呈叉形，在蓝色的海面上扑浪前进、时隐时现的情景，很是逗人喜爱。

飞鱼为什么能像海鸟那样在海面上飞行呢？说得确切些，飞鱼的"飞行"其实只是一种滑翔而已。科学家们用摄影机揭示了飞鱼"飞行"的秘密，结果发现，飞鱼实际上是利用它的"飞行器"——尾巴猛拨海水起飞的，而不是像过去人们所想象的那样，是靠振动它那长而宽大的胸鳍来飞行。飞鱼在出水之前，先在水面下调整角度快速游动，快接近海面时，将胸鳍和腹鳍紧贴在身体的两侧，这时很像一艘潜水艇，然后用强有力的尾鳍左右急剧摆动，

划出一条锯齿形的曲折水痕，使其产生一股强大的冲力，促使鱼体像箭一样突然破水而出，起飞速度竟超过18米/秒。飞出水面时，飞鱼立即张开又长又宽的胸鳍，迎着海面上吹来的风以大约15米/秒的速度作滑翔飞行。当风力适当的时候，飞鱼能在离水面4～5米的空中飞行200～400米，是世界上飞得最远的鱼。有人曾在热带大西洋测得飞鱼最好的飞翔记录：飞行时间90秒，飞行高度10.97米，飞行距离1109.5米。

当飞鱼返回水中时，如果需要重新起飞，它就利用全身尚未入水之时，再用尾部拍打海浪，以便增加滑翔力量，重新跃出水面，继续短暂的滑翔飞行。显而易见，飞鱼的"翅膀"其实并没有扇动，而只是靠尾部的推动力在空中作短暂的"飞行"。有人曾做过这样的试验，将飞鱼的尾鳍剪去，再放回海里，由于它没有像鸟类那样发达的胸肌，不能扇动"翅膀"，所以断尾鳍的飞鱼再也不能腾空而起了。

位于加勒比海东端的珊瑚岛国巴巴多斯，以盛产飞鱼而闻名于世。这里的飞鱼种类近100种，小的飞鱼不过手掌大，大的有2米多长。据当地人说，大飞鱼能跃出水面约400米高，最远可以在空中一口气滑翔3000多米。显然这种说法太夸张了。

但飞鱼的确是巴巴多斯的特产，也是这个美丽岛国的象征，许多娱乐场所和旅游设施都是以"飞鱼"命名的，用飞鱼做成的菜肴则是巴巴多斯的名菜之一。站在海滩上放眼眺望，一条条梭子形的飞鱼破浪而出，在海面上穿梭交织，迎着雪白的浪花腾空飞翔。繁花似锦的"抛物线"，仿佛像美丽的喷泉令人目不暇接。瞬息万变的图景美丽壮观，令人久久难忘。游客们在此不仅能观赏到"飞鱼击浪"的奇观，还可以获得一枚制作精致的飞鱼纪念章。巴巴多斯因而获得了"飞鱼岛国"的雅号。

飞鱼为什么要"飞行"？海洋生物学家认为，飞鱼的飞翔，大多是为了逃避金枪鱼、剑鱼等大型鱼类的追逐，或是由于船只靠近受惊而飞。海洋鱼类的大家庭并不总是平静的，飞鱼是生活在海洋上层的中小型鱼类，是鲨鱼、鲜花鳅、金枪鱼、剑鱼等凶猛鱼类争相捕食的对象。飞鱼在长期生存竞争中，形成了一种十分巧妙的逃避敌害的技能：跃水飞翔，可以暂时离开危险的海域。因此，飞鱼并不轻易跃出水面，只有遭到敌害攻击时，或受到轮船引擎震荡声的刺激时，才施展出这种本领来。但有时候，飞鱼由于兴奋或生殖等原因也会跃出水面，有时候飞鱼则会无缘无故地起飞。

当然，飞鱼这种特殊的自卫方法并不是绝对可靠的。在海上飞行的飞鱼尽管逃脱了海中之敌的袭击，但也常常成为海面上守株待兔的海鸟，如"军舰鸟"的"口中食"。

飞鱼就是这样一会儿跃出水面，一会儿钻入海中，用这种办法来逃避海里或空中的敌害。飞鱼具有趋光性，夜晚若在船甲板上挂一盏灯，成群的飞鱼就会寻光而来，自投罗网撞到甲板上。它的肉也特别鲜美，肉质鲜嫩，是上等菜肴。

## 寿命最长与最短的鱼

论鱼的寿命，狗鱼最长寿，可活200多年，堪称鱼中"老寿星"。狗鱼体细长，稍侧扁，尾柄短小。头尖，吻部特别长而扁平，似鸭嘴。口裂极宽大，口角向后延长可达头长的一半。齿发达，上下颌、犁骨、筛骨和舌上均具有大小不一致的锥形锐齿。它的牙齿与众不同，上颚齿可以伸出来并有韧带连着，这种锋利的牙齿可以把捕捉到的动物吃掉，有时也把吃不完的食物挂在牙齿上，留着备用。

狗鱼的鳞细小，侧线不明显。背鳍位置较后，接近尾鳍，与臀鳍相对，胸鳍和腹鳍较小。背部和体侧灰绿色或绿褐色，散布着许多黑色斑点，腹部灰白色，背鳍、臀鳍、尾鳍也有许多小黑斑点，其余为灰白色。

狗鱼身体修长，可达1米以上。吻很突出，尾鳍分叉。口生犬牙，性凶猛，吞食其他鱼类和水生动物。这种鱼属于冷水性鱼类，分布在北半球寒冷地区。狗鱼寿命长，与它生活在寒冷地区有一定的关系。现存有8种狗鱼，我国只有一种，分布在黑龙江、松花江和乌苏里江等地。此鱼的肉非常鲜美，

是人们喜爱的食品。

与此相反，寿命最短的鱼是佛泽瑞尾鳉鱼。在非洲有一种叫佛泽瑞尾鳉鱼的卵生鳉鱼，它是世界上生命最短暂的脊椎鱼类。科学家研究发现这种5厘米长的卵生鳉鱼从出生到发育成熟，交配排卵，直至死亡，只有大约6个星期的生命历程。佛泽瑞尾鳉鱼这种生命短暂的特性，在相关的鱼类和其他脊椎动物中具有很大的研究价值。

这种卵生鳉鱼生活在非洲近赤道热带雨林的短暂雨季地区，在这些地区雨季会形成许多泥泞积水的池塘。这些池塘就是佛泽瑞尾鳉鱼最好的栖息地。它们在池塘中交配并将鱼卵排入泥泞的池塘底部。在短短的几个星期内，它们生命历程就结束了。但是，新的生命又会在这里诞生。负责这项研究的是意大利国家研究理事协会神经病理学专家塞勒瑞那和意大利鳉科鱼类研究所瓦迪萨利西教授，他们指出："在佛泽瑞尾鳉鱼短暂的一生中，要排卵3次，繁殖出100多条鳉鱼。通过研究观察，它们生长至完全成熟只需4个星期左右，然而在成熟后的两个星期就要面临生命的终结。"

美国威斯康星大学生物研究中心凯姆尼特教授称，该项研究具有很大的价值，这种短暂而成熟的生理特性可以用于今后更多的生物科研中。负责此项研究的塞勒瑞那博士表示，佛泽瑞尾鳉鱼将可以更好地用于促进发育和防止衰老的产品研制。

## 最可怕的昆虫

据统计，世界上每年有2亿人患疟疾，其中至少有500万人因此死亡。那究竟谁是罪魁祸首呢？答案就是蚊子。世界上一共有400多种蚊子。其中有

80多种能传染疟疾。雌蚊子在叮咬你的皮肤，吮吸你的血液的时候，同时吐出带有可怕寄生虫的唾液。科学家认为，自石器时代起，因病死亡的半数是因为蚊子。

一般蚊子每年4月开始出现，至8月中下旬达到活动高峰。秋天气候变冷温度降到10℃以下时，蚊子就会停止繁殖，不食不动进入冬眠，直到第二年春天激醒后又出来害人。最适宜蚊子的温度是30℃左右，太高了它们也受不了。蚊子的生存繁殖环境必须有水，因此地面积水、洼地浅坑、污水、臭水沟、容器存水、花盆积水、下水道、地沟、有水的盆盆罐罐等都是蚊子栖身之地。家庭中有存水的瓶瓶罐罐、天井、雨棚、下水管道、地漏等处，都有可能养蚊子，成为蚊子繁殖处。

蚊子很喜欢有水的地方，如小溪、稻田、河流、水坑、湿地等有水的地方，蚊子在水边能够保持幼虫生长发育增大种群数量，并能够维持蚊子所需的能量。湿地植被是蚊子种群的食物源，也为蚊子提供了理想的避难所。

蚊子对二氧化碳、热、潮湿空气极为敏感。它的发育为完全变态及经四期，即卵、幼虫、蛹及成虫。通常只有雌蚊才吸血，雄蚊以植物汁液为食粮。有些蚊种嗜吸人血，而有些则嗜吸动物血。

蚊子产卵时，大多数的雌蚊在产卵前都必须吸一次血，以供卵的发育。孳生地一般可分为永久或半永久性的积水、流动的水，暂时性的孳生地包括各种积水容器等。一般来说，雄蚊只能生存一周，雌蚊能活2~3星期。

常见的蚊子传播的疾病：疟疾是通过带有疟原虫的蚊子吸吮人血而侵入人体；登革热是通过带有登革热病毒的蚊子吸吮人血而侵入人体，登革热病毒可从卵传给蚊的下一代；流行性乙型脑炎它是由乙脑病毒引起、经蚊子传播的人畜共患的中枢神经系统急性传染病。

蚊子可传播多种疾病，那么，蚊虫叮咬是否也同样可传播艾滋病呢？其实，尽管蚊子的长嘴巴犹如一支注射器，但蚊子是不可能成为艾滋病的传播媒介的。美国疾病控制中心经研究后对这个问题有过明确的报道。

蚊子传播疾病，大致有两种传播方式：生物性传播和机械性传播。所谓

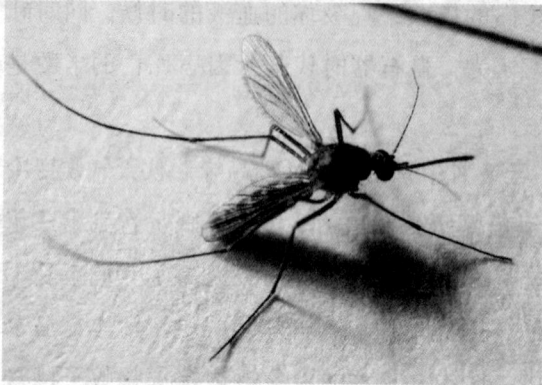

生物性传播，是指病原体在蚊子体内经历了发育、增殖的阶段，再传染给人。如乙型脑炎病毒随血液被吸入蚊子体内后，先在其肠道内增殖，然后移行至唾液腺，经叮咬后传播给人或动物。

艾滋病病毒在蚊子体内既不发育也不增殖，所以不可能通过生物性的方式进行传播。而机械性的传播方式，此种方式亦不可行。因为蚊子在吸血前，先由唾液管吐出唾液（作为润滑剂以便吸血），然后由另一条管道——食管吸入血液。血液的吸入是单向的，吸入后不会再由食管吐出来。有人担心蚊子嘴上的残留血液可能带有艾滋病病毒，会传染给人。但一些研究发现，蚊子嘴上的残血量仅有 0.000 04 毫升，如按此计算，要叮咬 2800 次，残血量中才能带有足够引起 HIV 感染的病毒。而且，当带有艾滋病病毒的血被蚊子吸入后，艾滋病病毒在 2 ~ 3 天内即被蚊子所消化、破坏而完全消失。而蚊子一旦吸饱血后，要待完全消化后才会再叮人吸血。因此，无论从哪条途径，蚊子传播艾滋病的可能性可以说是不存在的。至目前为止，亦尚未发现经蚊子或昆虫叮咬而感染艾滋病的报道。

## 世界上最大的水母

水母是一个大家族，海洋中已知的水母就有上千种之多，人们常吃的海蜇也是其中的一员。水母中体形最庞大的要算是霞水母。1865 年，人们在美国马萨诸塞州海岸上发现了一只罕见的大水母，其触手长达 36 米，伞状体直径为 2.4 米。人们平常看到的霞水母伞状体直径为 1.5 ~ 2 米，周围触手长 20 ~ 30 米。

几乎所有水母的身体都是柔软透明的，体内含有大量水分（约占体重的90%以上）。这种身体形态，决定了它们经常漂浮在水面，过的是漂泊不定的生活。霞水母也不例外，当它在水中游动时，四周那长长的触手顺流摆动，艳丽无比。那3厘米厚的伞状体，通常都带有粉红色或者紫色的花纹，并闪耀着微弱的光芒。

霞水母不但体形庞大，而且有很强的毒性，其杀人速度之快，甚至远远超过了眼镜王蛇。其触手内侧有一排排刺细胞。每个刺细胞里都藏着一个微小的空毒腺，其形状就像一把极小的鱼叉。一只成年霞水母的触手上有无数个刺细胞。一旦受到刺激，触手的传感神经立刻使刺细胞发作，继而射出毒液。被螫刺而中毒者，不仅有鱼类、虾类，还有那些不幸在水中遭遇上它的人。

一段0.6厘米长的触手如果螫叮到人的皮肤，其痛感有如被一支燃着的烟头灼烫一般。一名被螫者曾经描述说："那感觉就像一个火盆倒在身上。"

但是霞水母的眼睛视力很差，只能感知到光的变化，虽然避免了同其他物体相撞，却使其丧失了攻击能力。它的猎物往往是无意中撞入它的触手被螫而死，然后被卷入它的口中。奇怪的是，某些小鱼面对它那可怕的触手，却能做到"游刃有余"。在风平浪静的日子里，许多小鱼在霞水母附近忙碌地觅食。当它们遭到大鱼袭击时，就逃到霞水母的伞状体下面，借以保护，霞水母就成了这些小鱼的保护伞、避难所。霞水母保护小鱼免受敌害，而小鱼消灭栖息在霞水母身上的微生物，这是一种特殊的对双方都有利的共栖现象。

## 嗜血如命的食人鱼

南美洲的亚马孙河是淡水鱼的天堂。在滔滔的亚马孙河及其支流中，有200多种鱼类，其中颇有一些让人"谈鱼色变"的怪鱼，它们之中最让人恐怖的一种是叫"皮拉尼西"的凶鱼，即我们通常所说的食人鱼。它体长仅20～40厘米，头部和身体两侧呈黑色，腹部呈黄色。嘴里长着两排三角形的尖齿，

有 1 厘米多长，非常锋利。食人鱼嗅觉灵敏，天性嗜血，一旦有一只动物被一条食人鱼咬出血，成百上千条食人鱼就会闻味扑来抢食。据说，它们袭击牛、马需要 15 分钟，而吃人仅需 5 分钟。在食人鱼出没的地方，每隔几十米，就有一块木牌，上面写着醒目的大字："食人鱼，危险！莫下水！"在当地还有一种鱼叫"卡迪"，长得又细又小，它虽不像"皮拉尼西"那样凶猛，但据说能钻进人的肛门和尿道，所以人们每见此鱼都胆战心惊。

1976 年，一辆公共汽车在亚马孙河下游失事，掉进食人鱼时常出没的乌鲁布河内。3 个小时后，救援人员在现场发现，在此次车祸中丧生的 38 名乘客在食人鱼的利齿下仅剩白骨。

一位美国探险家曾对食人鱼进行过考察，并专门做了一次实验。他将一只刚打死的小山羊用钢丝拴着，轻轻放入河水中。仅仅两三分钟，小山羊四周的河水便开始激荡起来，泛起白色的浪花。从四面八方"闻讯"而至的食人鱼，蜂拥而上，纷纷向小山羊发起"进攻"。约摸 10 分钟后，当他将钢丝拉出水面时，小山羊只剩下一副片肉不留的骨架，尽管这样，还有几条食人鱼仍死死咬住小山羊的骨架，不肯罢休。此情此景，真是让人心惊胆战。

食人鱼习惯过群居生活，时常几百条、几千条聚集在一起。它能同时用视觉、嗅觉和对水波震动的灵敏感觉寻觅到攻击目标。它与鲨鱼一样，主要依靠机会觅食，但所不同的是，被誉为海中之王的鲨鱼有时对庞然大物还略有几分畏惧，而食人鱼则敢于袭击比它身体大几倍甚至几十倍的生物。遇到猎物，食人鱼总是首先咬住它的致命部位，使它失去逃生的机会，然后成群结队地轮番发起攻击，迅速将猎物化整为零。其速度之快，令人目瞪口呆。食人鱼在饥饿时则显得更为凶暴，就连一些鸟类也难以幸免。贴水而飞的野鸭、白鹭等有时也会突然消失在浪花与鲜血中，成为食人鱼利齿下的牺牲品。

凶残的食人鱼肉鲜味美，印第安人常将当地盛产的一种根部有毒汁的藤皮植物，搅拌在切碎的牛肉中，作为毒饵，倒入有食人鱼的湖泊和河流中。这样，不到一小时，水面上就浮满了被毒死的食人鱼，打捞上来便可食用。

据当地人讲，食人鱼的颚骨可以当剪子用，锐利的牙齿尖端涂上毒汁，可当箭镞用。

# 最大的两栖动物——娃娃鱼

据说 20 世纪 90 年代以前，在湖南张家界这个地方，一到盛夏的夜晚，伴随着泉水的淙淙流淌声，人们常能听到山间传来婴儿般的啼哭，这就是娃娃鱼那独特的叫声，娃娃鱼的名字也是由此而来的。

娃娃鱼的长相确实很特别，它的身体扁平，有一个大大的扁圆脑袋，上面嵌着一对小眼睛和一个小鼻子，嘴巴也很大，身后还拖着一条长长的大尾巴。它全身光溜溜的，没有鱼身上的那种鳞片，四条腿又短又胖，脚趾就像婴儿胖乎乎的小手一样。体色有棕色、红棕色，还有黑棕色的。

人有惰性，动物当然也有，而娃娃鱼可能称得上是懒惰者之王。白天，它就只会在自己舒适的家中酣睡；当夜幕降临时，它才静静地隐蔽在滩口乱石中，等待猎物走过它的身边，甚至还要走进它的口里，它才肯动动嘴。

娃娃鱼一般都挺懒惰的，所以它捕食的时候，就是一直等在那里。如果发现食物从它身边或者是眼前出现的话，它就会猛然一下张开嘴巴，把食物逮住，然后直到食物不动，被它咬死以后，才把食物吞进去。

虽然娃娃鱼长了一对小眼，但它这对小眼不但无神采，还是个高度近视呢！

娃娃鱼很怕光的刺激，遇到强光以后，它会去躲避它，因为它长期生活在较黑暗的地方，所以它的眼睛视力已经基本上退化了，只是对光有点敏感而已，可以说是高度近视。

设想如果给高度近视的娃娃鱼佩戴上人类的眼镜后，是不是娃娃鱼就会因此变得勤快起来呢？人们不得而知。但是这么慵懒的高度近视的娃娃鱼能生存至今，不用说肯定有它们独特的本领——它们的诀窍就是不怕挨饿。由于很少活动，娃娃鱼的新陈代谢十分缓慢。偌大的身体，每天只需吃 250 多克的食物就行，而且还不用天天都吃。

娃娃鱼还有一个名字，大鲵。其实，娃娃鱼并不是鱼类，而是一种古老而原始的低等两栖动物。只因它长得像鱼，又经常生活在水里，所以人们也给它安上了鱼的名字。之所以称之为大鲵是因为它是我国28种两栖类有尾目动物中个体最大的一种。

娃娃鱼是从水生到陆生过渡的典型两栖动物，在生物进化史上有着划时代的意义。它就是一个环境生物指标，只要环境遭遇破坏，它的食物链中，如果一个环节断了以后，它的整个物种的生存繁衍都会受到影响，所以娃娃鱼在研究物种进化方面，有很高的科研价值。同时，娃娃鱼还有着极高的医用价值。

娃娃鱼是一个生物活化石，原来在三四亿年以前世界各地都有。由于环境的变化，气候的变迁，再加上人为的破坏，现在只中国有。

## 在树上生活的青蛙

青蛙一般是生活在水塘里和附近的田野草丛中，也许你不知道，有一种青蛙是在树上生活的。

树蛙的种类有许多种，大多数生活在亚洲东部和东南部亚热带和热带湿润地区。在中国，斑腿树蛙分布最广，北达甘肃南部，南至西藏南部。多种树蛙栖息在潮湿的阔叶林区及其边缘地带。体背多为绿色或随环境而异。

树蛙体多细长而扁，后肢长，吸盘大，指、趾间有发达的蹼。末端两指（趾）骨节间有节间软骨，与树栖生活相适应。

属于树蛙科的飞蛙，产在印度尼西亚的爪哇、菲律宾、马来半岛等地。体绿色，指、趾极长，末端有吸盘，能在树上跳跃、爬行。当指、趾伸直时，发达的蹼总面积约为20平方厘米，它们把四肢靠近身体，张开指、趾间的蹼，向树下一跳，就可以滑翔5~20米远；也能从地面一跃飞到1.5~2米高的树上，所以它有飞蛙之称。

在我国甘肃、西藏、长江流域及其以南地区，以及印度、斯里兰卡、东南亚等地有一种树蛙，身体能随环境变化。指、趾间有微蹼，末端膨大成吸盘，吸盘中具有黏液分泌腺，可以牢牢地吸在树叶上，即使树的枝叶十分光滑，它们也能在树上跳跃、攀爬。它们也可以生活在草丛、竹上，以蚯蚓、昆虫、蜘蛛为食。

还有一种加勒比树蛙，体长仅有 5 厘米左右，背上有各种不同的花纹。它们的"祖籍"在加勒比海地区的波多黎各、古巴和巴哈马等地，主要生活在森林和湿地里。加勒比树蛙昼伏夜出。白天，它们躲在树叶间，晚上才出来觅食。它们主要以节肢动物为食，偶尔也吃蜗牛和特别小的青蛙。在加勒比地区，每公顷面积的青蛙数量超过 2 万只。加勒比蛙的卵产在隐蔽的树叶丛中，并由雄蛙严加保护，2～3 周后变为小青蛙。

加勒比树蛙个子虽小，叫声却大得惊人。20 世纪 80 年代，加勒比树蛙被无意中引入夏威夷群岛，发展到今天，由于没有天敌的控制，加上岛上环境条件好，树蛙大量繁殖，并已蔓延成灾。树蛙群每日下午 5 点至下半夜发出雷鸣般的噪声，使整个森林都无法安静下来。不过，大自然可不允许它如此泛滥，也许此时此刻，它的声音正吸引到蛇的"光临"。一场好戏要上演了。

## 最毒的毒汁

南非西哥伦比亚有一种金毒刺蛙，它的皮肤上能分泌出蛙类毒汁。金毒刺蛙的毒汁是世界上已知的最毒的毒汁，其毒性是任何其他已知毒刺蛙的 20 倍。一只成熟蛙所含的毒液能够轻而易举地毒死 1500 个人。

# 相关人物传记

## 神创论的推翻者——查尔斯·罗伯特·达尔文

查尔斯·罗伯特·达尔文（1809—1882），英国生物学家，进化论的奠基人。曾乘贝格尔号舰作了历时 5 年的环球航行，对动植物和地质结构等进行了大量的观察和采集。出版《物种起源》这一划时代的著作，提出了生物进化论学说，从而摧毁了各种唯心的神造论和物种不变论。除了生物学外，他的理论对人类学、心理学及哲学的发展都有不容忽视的影响。他所提出的天择与性择，在目前的生命科学中是一致通用的理论。澳大利亚有以达尔文命名的城市。

生物进化论甚至可以说是整个生物科学，开始于 1859 年 11 月 24 日。在那一天，在经过 20 年小心谨慎的准备之后，达尔文出版了《物种起源》。第一版印了 1250 本，在一天之内销售一空。一门崭新的学科从此诞生了。震动当时学术界的《物种起源》用大量资料证明了形形色色的生物都不是上帝创造的，而是在遗传、变异、生存斗争中和自然选择中，由简单到复杂，由低等到高等，不断发展变化的，从而提出了生物进化论学说。

其后，1872 年发表了同样重要的《人类的由来与性选择》，"性选择"作为"自然选择"的一个补充理论提出，"性选择"是一个未完成的理论。最著名的一个关于"性选择"的争论就是孔雀的长尾巴。

恩格斯将"进化论"列为 19 世纪自然科学的三大发现之一。

# 遗传学的奠基人——孟德尔

孟德尔（1822—1884）是"现代遗传学之父"，是遗传学的奠基人。1865年发现遗传定律。

1822年7月22日，孟德尔出生在奥地利西里西亚（现属捷克）海因策道夫村的一个贫寒的农民家庭里，父亲和母亲都是园艺家。1840年他考入奥尔米茨大学哲学院，主攻古典哲学，但他还学习了数学和物理学。当地的教会看到孟德尔勤奋好学，就派他到首都维也纳大学去念书。1843年大学毕业以后，年方21岁的孟德尔进了布隆城奥古斯汀修道院，并在当地教会办的一所中学教书，教的是自然科学。他由于能专心备课，认真教课，所以很受学生的欢迎。后来，他又到维也纳大学深造，受到相当系统和严格的科学教育和训练。1856年，从维也纳大学回到布鲁恩不久，孟德尔就开始了长达8年的豌豆实验。孟德尔首先从许多种子商那里弄来了34个品种的豌豆，从中挑选出22个品种用于实验。它们都具有某种可以相互区分的稳定性状，如高茎或矮茎、圆料或皱料、灰色种皮或白色种皮等。

孟德尔通过人工培植这些豌豆，对不同代的豌豆的性状和数目进行细致入微地观察、计数和分析。运用这样的实验方法需要极大的耐心和严谨的态度。他酷爱自己的研究工作，经常向前来参观的客人指着豌豆十分自豪地说："这些都是我的儿女！"

8个寒暑的辛勤劳作，孟德尔发现了生物遗传的基本规律，并得到了相应的数学关系式。人们分别称他的发现为"孟德尔第一定律"和"孟德尔第二定律"，它们揭示了生物遗传奥秘的基本规律。

亲代

配子 T t

TT tt

第一子代
基因型 均为Tt
表现型 均为高茎

Tt t

X
（交配）

Tt Tt

配子 T t T t

T T T t
Tt T t
tt

第二子代
基因型 TT:Tt:tt =
1:2:1
表现型 高:矮 = 3:1

TT Tt Tt tt

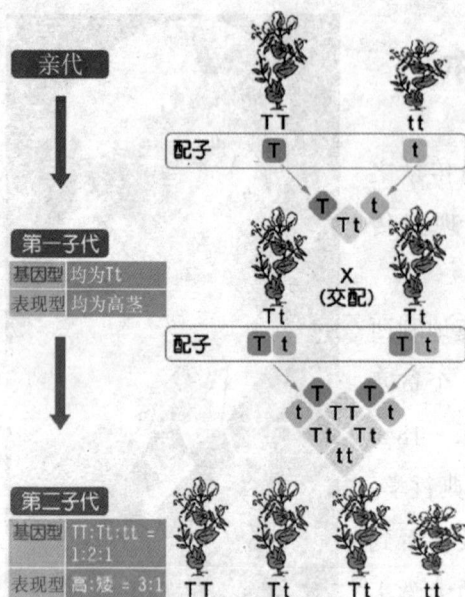

孟德尔清楚自己的发现所具有的划时代意义，但他还是慎重地重复实验了多年，以期更加臻于完善。1865年，孟德尔在布鲁恩科学协会的会议厅，将自己的研究成果分两次宣读。第一次，与会者礼貌而兴致勃勃地听完报告，孟德尔只简单地介绍了试验的目的、方法和过程，为时一小时的报告就使听众如坠入云雾中。

第二次，孟德尔着重根据实验数据进行了深入的理论证明。可是，伟大的孟德尔思维和实验太超前了。尽管与会者绝大多数是布鲁恩自然科学协会的会员，其中既有化学家、地质学家和生物学家，也有生物学专业的植物学家、藻类学家，然而，听众对连篇累牍的数字和繁复枯燥的论证毫无兴趣，他们实在跟不上孟德尔的思维。孟德尔用心血浇灌的豌豆所告诉的他的秘密，时人不能与之共识，一直被埋没了35年之久！

孟德尔晚年曾经充满信心地对他的好友，布鲁恩高等技术学院大地测量学教授尼耶塞尔说："看吧，我的时代来到了。"这句话成为伟大的预言。直到孟德尔逝世16年后，豌豆实验论文正式出版后34年，他从事豌豆试验后43年，预言才变成现实。

随着20世纪雄鸡的第一声啼鸣，来自三个国家的三位学者同时独立地"重新发现"孟德尔遗传定律。1900年，成为遗传学史乃至生物科学史上划时代的一年。从此，遗传学进入了孟德尔时代。今天，通过摩尔根、艾弗里、赫尔希和沃森等数代科学家的研究，已经使生物遗传机制——这个使孟德尔魂牵梦绕的问题建立在遗传物质DNA的基础之上。

# 当代神农氏——袁隆平

袁隆平，1930年9月1日生于北平（今北京），汉族，江西省德安县人，无党派人士，现在居住在湖南长沙。中国杂交水稻育种专家，中国工程院院士。2006年4月当选美国科学院外籍院士，被誉为"杂交水稻之父"。

1960年袁隆平从一些学报上获悉杂交高粱、杂交玉米、无籽西瓜等，都已广泛应用于国内外生产中。这使袁隆平认识到遗传学家孟德尔、摩尔根及其追随者们提出的基因分离、自由组合和连锁互换等规律对作物育种有着非常重要的意义。于是，袁隆平跳出了无性杂交学说圈，开始进行水稻的有性杂交试验。

1960年7月，他在早稻常规品种试验田里，发现了一株与众不同的水稻植株。第二年春天，他把这株变异株的种子播到试验田里，结果证明了上一年发现的那个"鹤立鸡群"的稻株，是地地道道的"天然杂交稻"。他想：既然自然界客观存在着"天然杂交稻"，只要我们能探索其中的规律与奥秘，就一定可以按照我们的要求，培育出人工杂交稻来，从而利用其杂交优势，提高水稻的产量。这样，袁隆平从实践及推理中突破了水稻为自花传粉植物而无杂种优势的传统观念的束缚。于是，袁隆平立即把精力转到培育人工杂交水稻这一崭新课题上来。在研究水稻的十多个春秋里，袁隆平经历了一次又一次的失败，熬过了一次又一次的挫折，经受了一次又一次的打击。1973年10月，袁隆平发表了题为《利用野败选育三系的进展》的论文，正式宣告我国籼型杂交水稻"三系"配套成功。这是我国水稻育种的一个重大突破。紧接着，他和同事们又相继攻克了杂种的"优势关"和

"制种关"，为水稻杂种优势利用铺平了道路。

20 世纪 90 年代后期，美国学者布朗抛出"中国威胁论"，撰文说到 21 世纪 30 年代，中国人口将达到 16 亿，到时谁来养活中国，谁来拯救由此引发的全球性粮食短缺和动荡危机？这时，袁隆平向世界宣布："中国完全能解决自己的吃饭问题，中国还能帮助世界人民解决吃饭问题。"世界杰出的农业经济学家唐帕尔伯格写了一部名著叫《走向丰衣足食的世界》，书中写道："袁隆平为中国赢得了宝贵的时间，他增产的粮食实质上降低了人口增长率。他用农业科学的成就击败了饥饿的威胁。他正引导我们走向一个丰衣足食的世界。"

# 第三章
# 地理风貌

地理是研究地球表面的地理环境中各种自然现象和人文现象，以及它们之间相互关系的学科。"地理"一词最早见于中国《易经》。英文中地理一词则来源于希腊文。

# 亚洲地理

## 亚洲概述

亚洲是亚细亚洲的简称。在古代，居住在地中海沿岸的人们，把地中海以东的地方称为"亚细亚"，意为"东方日出之地"。亚洲的大陆海岸线绵长而曲折，海岸线长 69 900 千米。是世界上海岸线最长的一洲。海岸类型复杂。多半岛和岛屿，是半岛面积最大的一洲。阿拉伯半岛为世界上最大的半岛（面积约 300 万平方千米）。加里曼丹岛为世界第三大岛。亚洲地形总的特点是地表起伏很大，崇山峻岭汇集中部，山地、高原和丘陵约占全洲面积的3/4。全洲平均海拔 950 米，是世界上除南极洲外地势最高的一洲。全洲大致以帕米尔高原为中心，向四方伸出一系列高大的山脉，最高大的是喜马拉雅山脉。在各高大山脉之间有许多面积广大的高原和盆地。在山地、高原的外侧还分布着广阔的平原。亚洲有许多著名的高峰，世界上海拔 8000 米以上的高峰，全分布在喀喇昆仑山脉和喜马拉雅山脉地带，其中有世界最高峰珠穆朗玛峰，海拔 8844.43 米。亚洲有世界陆地上最低的洼地和湖泊——死海（湖面低于地中海海面 392 米），还有被称为"世界屋脊"的青藏高原。亚洲是世界上火山最多的洲。东部边缘海外围的岛群是世界上火山最多的地区。东部沿海岛屿、中亚和西亚北部地震频繁。亚洲的许多大河发源于中部山地，分别注入太平洋、印度洋和北冰洋。内流区主要分布在亚洲中部和西部。亚洲最长的河流是长江，长 6397 千米；其次是黄河，长 5464 千米；湄公河长 4500 千米。最长的内流河是锡尔河（2991千米），其次是阿姆河和塔里木河（2179千米）。贝加尔湖是亚洲最大的淡水湖和世界最深的湖泊。

# 地理区域及特点

亚洲在地理区域上分为东亚、东南亚、南亚、西亚、中亚、北亚。东亚指亚洲东部。包括中国、朝鲜、韩国、蒙古和日本。地势西高东低，分四个阶梯。东南亚指亚洲东南部地区。包括越南、老挝、柬埔寨、缅甸、泰国、马来西亚、新加坡等国家和地区。地理上包括中南半岛和南洋群岛两大部分。南亚指亚洲南部地区，包括斯里兰卡、马尔代夫、巴基斯坦、印度、孟加拉国、尼泊尔、不丹。本区北部为喜马拉雅山脉南麓的山地区，南部印度半岛为德干高原，北部山地与德干高原之间为印度河—恒河平原。西亚也叫西南亚，指亚洲西部，包括阿富汗、伊朗、土耳其、塞浦路斯、叙利亚、黎巴嫩、巴勒斯坦、约旦、伊拉克、科威特、沙特阿拉伯、也门、阿曼、阿拉伯联合酋长国、卡塔尔和巴林。高原广布，北部多山脉。北部山地高原与南部阿拉伯半岛之间为幼发拉底河和底格里斯河所冲积而成的美索不达米亚平原。中亚指中亚细亚地区。狭义讲只包括土库曼斯坦、乌兹别克斯坦、吉尔吉斯斯坦、塔吉克斯坦四国的全部和哈萨克斯坦南部。本区东南部为山地，地震频繁，属山地气候；其余地区为平原和丘陵，沙漠广布，气候干旱。北亚指俄罗斯亚洲部分的西伯利亚地区。西部为西西伯利亚平原，中部为中西伯利亚高原和山地，东部为远东山地。

# 自 然 气 候

亚洲地跨寒、温、热三带，其气候基本特征是大陆性气候强烈，季风性气候典型，气候类型复杂。北部沿海地区属寒带苔原气候。西伯利亚大部分地区属温带针叶林气候。东部靠太平洋的中纬度地区属亚热带季风气候，向南过渡到亚热带森林气候。东南亚和南亚属热带雨林气候和热带季风气候，赤道附近多属热带雨林气候。中亚和西亚大部分地区属沙漠和草原气候。西亚地中海沿岸属亚热带地中海式气候，西伯利亚东部的上扬斯克和奥伊米亚康极端最低气温曾达–71℃，是北半球气温最低的地方。

# 自 然 资 源

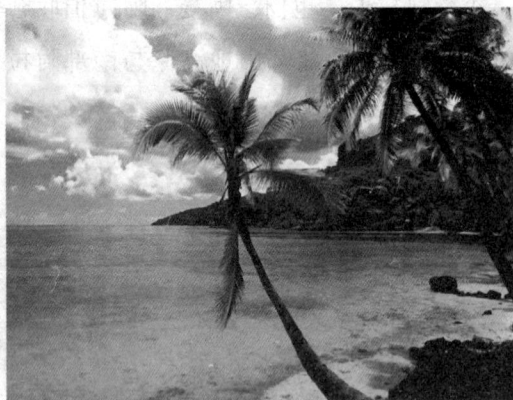

亚洲矿产资源丰富，种类繁多，富集区多。主要矿藏有煤、铁、石油、锡、钨、锑、铜、铅、锌、锰、菱镁矿、金、石墨、铬等。石油、锡、菱镁矿、铁等的储量均居各洲首位，锡矿储量约占世界锡矿总储量60%以上。亚洲的森林面积约占世界森林总面积的13%。可利用的水力资源也极丰富。亚洲沿海渔场面积约占世界沿海渔场总面积的40%，著名的渔场主要分布在大陆东部沿海，有中国的舟山群岛、台湾岛和西沙群岛渔场，以及鄂霍次克海、北海道、九州等渔场。

# 欧洲地理

## 欧 洲 概 述

欧洲是欧罗巴洲的简称，"欧罗巴"一词据说最初来自腓尼基语的"伊利布"一词，意思是"日落的地方"或"西方的土地"。整个欧洲地势的平均高度为340米，地形以平原为主，南部耸立着一系列山脉，总称阿尔卑斯山系，其中勃朗峰海拔4807米，勃朗峰属法国境内，成为西欧第一高峰。欧洲的河网稠密，水量丰沛。最长的河流是伏尔加河，长3690千米；第二大河是多瑙河，全长2850千米，是世界上流经国家最多的河。欧洲是有常住人口各洲中唯一没有热带气候的一洲，同时寒带气候所占的面积也不大，所以气候温和，降水分布较均。大部分为温带海洋性气候，也有地中海气候、温带大陆性气候、极地气候和高原山地气候等气候。西欧地势较为平坦，为平原；中欧有阿尔卑斯山，气温较低；欧洲有四大半岛（伊比利亚、亚平宁、巴尔干、斯堪的那维亚），三大平原（东欧、波德、西欧），气温与同纬度相比更暖和，这主要受北大西洋暖流影响。

## 地 理 区 域

欧洲有45个国家和地区。在地理上习惯分为南欧、西欧、中欧、北欧和东欧五个地区。南欧指阿尔卑斯山以南的巴尔干半岛、亚平宁半岛、伊比利

亚半岛和附近岛屿，包括塞尔维亚、黑山、克罗地亚、斯洛文尼亚、波斯尼亚和黑塞哥维那、马其顿、罗马尼亚、保加利亚、阿尔巴尼亚、希腊、意大利、梵蒂冈、圣马力诺、马耳他、西班牙、葡萄牙和安道尔。西欧狭义上指欧洲西部濒大西洋地区和附近岛屿，包括英国、爱尔兰、荷兰、比利时、卢森堡、法国和摩纳哥。中欧指波罗的海以南、阿尔卑斯山脉以北的欧洲中部地区，包括波兰、捷克、斯洛伐克、匈牙利、德国、奥地利、瑞士、列支敦士登。北欧指欧洲北部的日德兰半岛、斯堪的纳维亚半岛一带，包括冰岛、法罗群岛（丹）、丹麦、挪威、瑞典和芬兰。东欧指欧洲东部地区，在地理上指爱沙尼亚、拉脱维亚、立陶宛、白俄罗斯、乌克兰、摩尔多瓦和俄罗斯西部。

## 地 理 特 点

水平轮廓破碎是欧洲自然地理的一个显著特点。总面积的三分之一以上属于半岛和岛屿，其中半岛面积又占全洲面积的27%，这在世界各大洲中是罕见的。斯堪的纳维亚半岛是欧洲最大的半岛，次大的半岛有伊比利亚半岛、亚平宁半岛、巴尔干半岛、科拉半岛、日德兰半岛、克里木半岛和布列塔尼半岛等。

众多的半岛和岛屿把欧洲大陆边缘的海洋分割成许多边缘海、内海和海湾。巴伦支海、挪威海、北海和比斯开湾是欧洲较大的边缘海，白海、波罗的海、地中海和黑海等则深入大陆内部，成为内海或陆间海。水平轮廓破碎，陆地与海犬牙交错，再加上欧洲的面积不大（1040万平方千米），这就使得全洲各地距海都不太远，东欧距海最远的地方也只有1600千米左右。这样，就更加深了海洋对大陆的影响，加深了欧洲气候的海洋性。

欧洲的地形也具有许多独特性。

首先，欧洲是世界上地势最低的一洲，平均高度只有 340 米。高度在 200 米以下的平原约占全洲总面积的 60%，平原所占比重之大，在各大洲中首屈一指。欧洲的平原西起大西洋沿岸，东迄乌拉尔山麓，绵延数千公里，形成横贯欧洲的大平原。欧洲山地所占面积不大，高山更少，海拔 2000 米以上的高山仅占全洲总面积的 2%。

第二，欧洲的地形，大体上可以波罗的海东岸至黑海西岸一线为界分为东西两部分：东部平原占绝对优势，地形比较单一，西部则山地和平原互相交错，地形比较复杂。地形的分布与地质构造基础有着密切联系。

第三，在第四纪冰期时，欧洲存在着两个大的冰川中心，一为斯堪的纳维亚半岛的大陆冰川中心，一为阿尔卑斯山脉的山地冰川中心，前者对欧洲的影响很大，由于它的作用，欧洲北半部遍布冰川地貌。

## 自 然 资 源

欧洲的矿物资源以煤、石油、铁为主。煤主要分布在乌克兰的顿巴斯、波兰的西里西亚、德国的鲁尔和萨尔、法国的洛林和北部、英国的英格兰中部等地，这些地方均有世界著名的大煤田。石油主要分布在喀尔巴阡山脉山麓地区、北海及其沿岸地区。其他比较重要的还有天然气、钾盐、铜、铬、褐煤、铅、锌、汞和硫黄等。阿尔巴尼亚的天然沥青世界著名。欧洲的森林面积约占全洲总面积的 39%（包括俄罗斯全部）。占世界总面积的 23%。西部沿海为世界著名渔场，主要有挪威海、北海、巴伦支海、波罗的海、比斯开湾等渔场。

# 非洲地理

## 非 洲 概 述

非洲是"阿非利加洲"的简称，位于亚洲的西南面。东濒印度洋，西临大西洋，北隔地中海与欧洲相望，东北角习惯上以苏伊士运河为非洲和亚洲的分界。非洲的沙漠面积约占全洲面积的1/3，为沙漠面积最大的洲。其中，撒哈拉沙漠是世界上最大的沙漠。非洲东部还有世界上最大的裂谷带。当然，除了沙漠，非洲也有郁郁葱葱的森林和一望无际的大草原。非洲沿海岛屿不多，大多面积很小，岛屿的面积只占全洲面积的2%。大陆北宽南窄，像一个不等边的三角形，海岸平直，少海湾和半岛。全境为一高原型大陆，平均海拔750米。大致以刚果河（扎伊尔称扎伊尔河）河口至埃塞俄比亚高原北部边缘为界，东南半部多海拔1000米以上的高原，称高非洲；西北半部大多在海拔500米以下，称低非洲。非洲较高大的山多矗立在高原的沿海地带：西北沿海有阿特拉斯山脉，东部有肯尼亚山和乞力马扎罗山，南部有德拉肯斯山脉。乞力马扎罗山是一座活火山，海拔5895米，为非洲最高

峰。非洲东部的大裂谷是世界上最长的裂谷带，南起希雷河口，北至西亚的死海北部，长约 6400 千米。裂谷中有不少狭长的湖泊，水深岸陡，埃塞俄比亚高原东侧的阿萨勒湖湖面在海平面以下 153 米，是非洲大陆的最低点，非洲的大河流受到地质构造和其他自然因素的影响，水系较复杂，多急流、瀑布，按长度依次为尼罗河（全长 6671 千米，世界最长河）、刚果河（扎伊尔称扎伊尔河）、尼日尔河、赞比西河、乌班吉河、开赛河、奥兰治河等。湖泊多分布在东非大裂谷带。按面积大小依次为维多利亚湖、坦噶尼喀湖、马拉维湖、乍得湖等。

# 地理区域及特点

在地理上习惯分为北非、东非、西非、中非和南非五个地区。

北非：通常包括埃及、苏丹、利比亚、突尼斯、阿尔及利亚、摩洛哥、亚速尔群岛和马德拉群岛。其中埃及、苏丹和利比亚有时称为东北非。其余国家和地区称为西北非。西北部为阿特拉斯山地，东南部为苏丹草原的一部分，地中海和大西洋沿岸有狭窄的平原，其余地区大多为撒哈拉沙漠。

东非：通常包括埃塞俄比亚、厄立特里亚、索马里、吉布提、肯尼亚、坦桑尼亚、乌干达、卢旺达、布隆迪和塞舌尔。有时也把苏丹作为东非的一部分。北部是非洲屋脊——埃塞俄比亚高原，南部是东非高原，印度洋沿岸有狭窄的平原，东非大裂谷纵贯东非高原中部和西部。

西非：包括毛里塔尼亚、西撒哈拉、塞内加尔、冈比亚、马里、布基纳

法索、几内亚、几内亚比绍、佛得角、塞拉利昂、利比里亚、科特迪瓦、加纳、多哥、贝宁、尼日尔、尼日利亚和加那利群岛。本区北部属撒哈拉沙漠，中部属苏丹草原，南部为上几内亚高原，沿海有狭窄的平原。

中非：通常包括乍得、中非、喀麦隆、赤道几内亚、加蓬、刚果（布）、刚果（金）、圣多美和普林西比，有时也把赞比亚、津巴布韦和马拉维作为中非的一部分。这个地区在北面连接撒哈拉沙漠，中部地区则属于苏丹草原，南部属刚果盆地，西南部属下几内亚高原。刚果盆地面积约 337 万平方千米，中心部分最低处海拔仅 200 米，四周的高原、山地一般高达海拔 1000 米以上。

南非：通常包括赞比亚、安哥拉、津巴布韦、马拉维、莫桑比克、博茨瓦纳、纳米比亚、南非、斯威士兰、莱索托、马达加斯加、科摩罗、毛里求斯、留尼汪岛、圣赫勒拿岛和阿森松岛等。南非高原为本区地形的主体，高原中部地势低洼为卡拉哈迪盆地，四周隆起为高原和山地。

## 自然气候

非洲大部分地区位于南北回归线之间，全年高温地区的面积广大，有"热带大陆"之称。境内降水较少，仅刚果盆地和几内亚湾沿岸一带年平均降水量在1500毫米以上，年平均降水量在500毫米以下的地区占全洲面积50%。刚果盆地和几内亚湾沿岸一带属热带雨林气候。地中海沿岸一带夏热干燥，冬暖多雨，属亚热带地中海式气候。北非撒哈拉沙漠、南非高原西部雨量极少，属热带沙漠气候。其他广大地区夏季多雨，冬季干旱，多属热带草原气候。马达加斯加岛东部属热带雨林气候，西部属热带草原气候。

# 自然资源

　　非洲矿物资源丰富，不仅种类丰富，而且储量大。目前已知的石油、铜、金、金刚石、铝土矿、磷酸盐、铌和钴的储量在世界上均占有很大比重。石油主要分布在北非和大西洋沿岸各国，利比亚、阿尔及利亚、埃及、尼日利亚是非洲重要的石油生产国和输出国。估计占世界总储量12%左右。铜主要分布在赞比亚与扎伊尔的沙巴区。非洲南部的黄金和金刚石储量和产量都占世界首位。金主要分布在南非、加纳、津巴布韦和扎伊尔，金刚石主要分布在扎伊尔、南非、博茨瓦纳、加纳、纳来比亚等地。此外还有锰、锑、铬、钒、铀、铂、锂、铁、锡、石棉等。森林面积约占全洲面积的21%。

# 美洲地理

## 美 洲 概 述

美洲是"亚美利加洲"的简称。位于西半球且在大西洋与太平洋之间，北濒北冰洋，南与南极洲隔德雷克海峡相望。由北美和南美两个大陆及其附近许多岛屿组成。巴拿马运河一般作为南北美洲的分界线。大陆从东向西分为三个南北纵列带：东部是久经侵蚀的山地和高原，巴西高原是世界上面积最大的高原；西部为年轻的高峻山地，属美洲科迪勒拉山系，汉科乌马山海拔 7010 米，是全洲最高点。山脉逼近海岸，沿海平原狭窄，东西部之间是广阔的大平原，北美中部大平原和亚马孙平原都是世界上著名的平原。主要河流有亚马孙河、密西西比河等。北美洲还有世界最大淡水湖群——五大湖。

## 地 理 区 域

美洲包括北美洲和南美洲。包括国家有阿根廷、巴哈马、伯利兹、美国、玻利维亚、巴西、巴巴多斯、加拿大、哥伦比亚、智利、哥斯达黎加、古巴、委内瑞拉、萨尔瓦多、厄瓜多尔、格林纳达、危地马拉、圭亚那、洪都拉斯、海地、牙买加、圣卢西亚、墨西哥、尼加拉瓜、巴拿马、秘鲁、乌拉圭、巴拉圭、苏里南、多米尼加、多米尼克、圣文森特和格林纳丁斯、特立尼达和多巴哥、安提瓜和巴布达、圣基茨和尼维斯。在政治地理上则把墨西哥、中美洲、西印度群岛和南美洲统称为拉丁美洲，北美洲仅指加拿大、美国、格陵兰岛、圣皮埃尔和密克隆岛、百慕大群岛。

# 自 然 气 候

美洲跨有不同的气候带：北美大部分属亚寒带和温带大陆性气候，有面积辽阔的针叶林和大草原；中美和南美北部主要属热带气候，有广大的热带雨林和热带稀树干草原。南美南部则属温带气候。

# 自 然 资 源

北美洲大部分地区已经过勘查。北美洲的森林面积约占全洲面积的30%，约占世界森林总面积的18%。主要分布在西部山地，盛产达格拉斯黄杉、巨型金针柏、奴特卡花柏、糖槭、松、红杉、铁杉等林木。草原面积占全洲面积14.5%，约占世界草原面积的11%。北美洲可开发的水力资源蕴藏量约为24 800万千瓦，占世界水利资源蕴藏量的8.9%，已开发的水利资源为5360万千瓦，占世界的34.7%。

北美洲沿海渔场的面积约占世界沿海渔场总面积的20%，西部和加拿大东部的边缘海区为主要渔场，盛产鲑、鲽、鳕、鲭、鳗、鲱、沙丁、比目、萨门等，在加拿大东部边缘海区还产鲸。北部沿海有海象、海豹以及北极熊等。

　　南美洲矿物资源尚未很好勘探，目前已知现代化工业中所需要的 20 多种最重要的矿物原料大部分都有，且储量丰富。委内瑞拉石油储量、巴西的铁矿储量居世界前列；天然气主要分布在委内瑞拉和阿根廷；煤主要分布在哥伦比亚和巴西；铝土矿主要分布在苏里南；铜矿的金属储量在 1 亿吨以上，居各洲首位，智利铜的储量居世界第二位，秘鲁居第四位；铋、锑、银、硝石、铍和硫黄储量均居各洲前列；锡、锰、汞、铂、锂、铀、钒、锆、钍、金刚石等矿物也很丰富。南美洲森林面积约 92 000 万公顷，占全洲总面积的 50%以上，约占世界森林总面积的 23%，盛产红木、檀香木、铁树、木棉树、巴西木、香膏木、花梨木等贵重林木。草原面积约 44 000 万公顷，约占全洲总面积的 25%，占世界草原总面积的 14% 多。水力资源：水力蕴藏量估计为46700 万千瓦，约占世界水力蕴藏量的 16.9%；已开发的水力资源为 560 万千瓦，约占世界水力资源总开发量的 3.6%。

　　智利北部沿海和巴西东南部沿海盛产金枪鱼，秘鲁沿海盛产鱼，智利沿海盛产沙丁鱼、鳕和鲸。此外，巴西、阿根廷沿海还盛产鲈、鲻、鲲、鲭、鳕等鱼类。秘鲁沿海、巴西沿海为南美洲两大渔场。

# 南极洲地理

## 南极洲概述

　　南极洲是人类最后到达的大陆，也叫"第七大陆"。位于地球最南端，土地几乎都在南极圈内，四周濒太平洋、印度洋和大西洋。是世界上地理纬度最高的一个洲。同时也是跨经度最多的一个大洲。南极洲大陆海岸线长约24 700千米。横贯南极的山脉将南极大陆分为两部分。东南极洲，面积较大，为一古老的地盾和准平原，横贯南极山脉绵延在大陆的边缘；西南极洲面积较小，为一褶皱带，由山地、高原和盆地组成。东西两部分之间有一沉陷地带，从罗斯海一直延伸到威德尔海。南极洲大陆平均海拔2350米，是地球上最高的洲。最高点玛丽·伯德地的文森山海拔5140米。大陆几乎全部被冰雪所覆盖，冰层平均厚度有1880米，最厚达4000米以上。大陆周围的海洋上有许多高大的冰障和冰山。全洲仅2%的土地无长年冰雪覆盖，被称为南极冰原的"绿洲"，是动植物主要生息之地。"绿洲"上有高峰、悬崖、湖泊和火山。南极大陆共有两座活火山，那就是欺骗岛上的欺骗岛火山和罗斯岛上的埃里伯斯火山。欺骗岛火山在1969年2月曾经喷发过，使设在那里的科学考察站顷刻间化为灰烬，直到现在，人们仍然对此心有余悸。

# 地 理 区 域

南极洲分东南极洲和西南极洲两部分。东南极洲从西经30°向东延伸到东经170°，包括科茨地、毛德皇后地、恩德比地、威尔克斯地、乔治五世海岸、维多利亚地、南极高原和南极点。西南极洲位于西经50°～160°，包括南极半岛、亚历山大岛、埃尔斯沃思地以及玛丽·伯德地等。

# 自 然 气 候

南极洲的气候特点是酷寒、风大和干燥。全洲年平均气温为-25℃，内陆高原平均气温为-56℃左右，极端最低气温曾达-89.8℃，为世界最冷的陆地。全洲平均风速17.8米/秒，沿岸地面风速达45米/秒，最大风速可达75米/秒以上，是世界上风力最强和最多风的地区。绝大部分地区降水量不足250毫米，仅大陆边缘地区可达500毫米左右。全洲年平均降水量为55毫米，大陆内部年降水量仅30毫米左右，极点附近几乎无降水，空气非常干燥，有"白色荒漠"之称。

# 自 然 资 源

南极洲蕴藏的矿物有220余种。主要有煤、石油、天然气、铂、铀、铁、锰、铜、镍、钴、铬、铅、锡、锌、金、铜、铝、锑、石墨、银、金刚石等。主要分布在东南极洲、南极半岛和沿海岛屿地区。如维多利亚地有大面积煤田，南部有金、银和石墨矿，整个西部大陆架的石油、天然气均很丰富，查尔斯王子山发现巨大铁矿带，乔治五世海岸蕴藏有锡、铅、锑、钼、锌、铜等，南极半岛中央部分有锰和铜矿，沿海的阿斯普兰岛有镍、钴、铬等矿，桑威奇岛和埃里伯斯火山储有硫黄。根据南极洲有大煤田的事实，可以推想它曾一度位于温暖的纬度地带，才能有茂密森林经地质作用而形成煤田，后来经过长途漂移，才来到现今的位置。

南极洲是个巨大的天然"冷库"，是世界上淡水的重要储藏地。

南极洲腹地几乎是一片不毛之地。那里仅有的生物就是一些简单的植物和一两种昆虫。但是，海洋里却充满了生机，那里有海藻、珊瑚、海星和海绵，大海里还有许许多多叫做磷虾的微小生物，磷虾为南极洲众多的鱼类、海鸟、海豹、企鹅以及鲸提供了食物来源。

# 大洋洲地理

## 大洋洲概述

　　大洋洲原名澳大利亚洲，又被称为"南方大陆"，位于太平洋西南部和南部的赤道南北广大海域中。介于亚洲和南极洲之间，西邻印度洋，东临太平洋，并与南、北美洲遥遥相对。其狭义的范围是指东部的波利尼西亚、中部的密克罗尼西亚和西部的美拉尼西亚三大岛群。广义的范围是指除上述三大岛群外，还包括澳大利亚、新西兰和新几内亚岛（伊里安岛）等。大陆海岸线长约 19 000 千米。全洲除少数山地海拔超过 2000 米外，一般海拔在 600 米以下，地势低缓。一般分为大陆和岛屿两部分：澳大利亚大陆和西部高原。海拔 200 米，大部分为沙漠和半沙漠，也有一些海拔 1000 米以上的山脉；中部平原海拔在 200 米以下，北艾尔湖湖面在海平面以下 16 米，为大洋洲的最低点；东部山地海拔 800 米，山地东坡较陡，西坡缓斜。新几内亚岛、新西兰的北岛和南岛是大陆岛，岛上平原狭小，多海拔 2000 米以上的高山，新几内亚岛上的查亚峰，海拔 5029 米，是大洋洲的最高点。美拉尼西亚的岛屿多属大陆型，系大陆边缘弧状山脉的延续部分，各列岛弧之间有深海盆和深海沟。波利尼西亚和密克罗尼西亚绝大部分岛屿属珊瑚礁型，面积小，地势低平，不少岛屿有珊瑚礁环绕形成的礁湖，成为天然的船只停泊地和水上飞机场。此外还有少量由海底火山喷发物质堆积而成的火山型岛屿，如夏威夷群岛、帕劳群岛、所罗门群岛、新赫布里底群岛等，地形特点是山岭高峻，形势险要，多天然掩护的良港。水系外流区域约占总面积的48%，墨累河是外流区域中最长和流域面积最大的河流。内流区域（包括无流区）约占总面积的52%，均分布在澳大利亚中部及西部地区，主要内流河均注入北艾尔湖。大洋洲的河流与其他洲比较显得十分稀少，河流短小，水量较少，雨季暴涨，旱季有时断流，大多不利航行，但所有河流几乎终年不冻。

大洋洲的湖泊较少，最大湖泊是澳大利亚境内的北艾尔湖，面积约8200平方千米，随降水而变化；最深的湖泊是新西兰南岛西南端的蒂阿瑙湖，深达276米。澳大利亚大陆多构造湖。新西兰除构造湖外，还有由熔岩阻塞河流而形成的堰塞湖。夏威夷岛上则有火山湖。此外，许多岛屿上有由珊瑚礁环绕而形成的礁湖。新乔治亚岛上的礁湖是世界上的大礁湖之一，帕劳群岛中的科梅科尔礁湖也很有名。

# 地理区域

大洋洲有14个独立国家，其余十几个地区尚在美、英、法等国的管辖之下。在地理上划分为澳大利亚、新西兰、新几内亚、美拉尼西亚、密克罗尼西亚和波利尼西亚六区。

# 自然气候

大洋洲大部分地区处在南、北回归线之间，绝大部分地区属热带和亚热带，除澳大利亚的内陆地区属大陆性气候外，其余地区均属海洋性气候。绝

大部分地区的年平均气温在 25.8℃左右。最凉月平均气温为北半球从夏威夷群岛最北面向赤道由 16℃递增到 25℃；南半球从南纬 50°附近起向赤道由 6℃递增到 25℃；新西兰的南岛和澳大利亚东南部山区可达 0℃以下。最热月平均气温，北半球从夏威夷群岛最北面起向马里亚纳群岛附近，由 24℃递增到 28℃以上；南半球从南纬 50°附近起向澳大利亚西北部，由 12℃递增到 32℃。澳大利亚昆士兰州的克朗克里极端最高气温达 53℃，为大洋洲最热的地方。澳大利亚中部和西部沙漠地区年平均降水量不足 250 毫米，是大洋洲降水量最少的地区。夏威夷的考爱岛东北部年平均降水量高达一万两千多毫米，是世界上降水较多的地区之一。新几内亚岛北部及美拉尼西亚、密克罗尼西亚、波利尼西亚三大岛群属全年多雨的热带降水区，迎风坡年平均降水量多在 2000 毫米以上。美拉尼西亚北部、新几内亚岛北部及马绍尔群岛南部，年平均降水量可达 3 000 000 毫米，背风坡则仅 1000 毫米左右。澳大利亚北部和新几内亚岛东南沿海属暖季降雨区，年平均降水量 750 000 毫米，暖季降水量约占全年降水量的 50%。澳大利亚东南部及新西兰各月降水较均匀，但以冬季稍多的温带降水区，年平均降水量多在 500 毫米以上，个别地区高达 5000 多毫米。澳大利亚西南部和西南沿海属地中海式冬季降水区，冬季降水量占全年降水量的 40%~60%。

## 自 然 资 源

矿物以镍、铝土矿、金、铬、磷酸盐、铁、银、铅、锌、煤、石油、天然气、铀、钛和鸟粪石等较丰富。镍储量约 4600 万吨，居各洲前列；铝土矿储量 46.2 亿吨，居各洲第二位。

森林面积约占总面积的 9%，约占世界森林总面积的 2%，产松树、山毛榉、棕榈树、桉树、杉树、白檀木和红木等多种珍贵木材。草原占大洋洲总面积的 50% 以上，约占世界草原总面积的 16%。

水力蕴藏量约为 13 500 万千瓦，占世界水力总蕴藏量的 4.9%；已开发水力 280 万千瓦，占世界总开发量的 1.8%。估计年可发电 2000 亿度，约占世界可开发水力资源的 2%。

美拉尼西亚附近海域、澳大利亚东南沿海及新西兰附近海域为主要渔场，盛产沙丁鱼、鳕、鳗、鲭和鲸等。

# 相关人物传记

## 南北朝时期伟大的地理学家——郦道元

郦道元（466或472—527），北魏地理学家，散文家。字善长，北魏范阳郡涿县（今河北省保定市下辖涿州市）人。

早期在平城（北魏都城，今山西大同）和洛阳担任中央官员，并且多次出任地方官。一生足迹遍及中国北方。他为官"执法清刻""素有严猛之称"，得罪不少皇族、豪强，在东荆州刺史任上，威猛为治，被百姓上告，因而免官。在京期间专心撰写《水经注》。

北魏汝南王元悦的男宠丘念因弄权纵恣被郦道元逮捕，元悦找灵太后恳求特赦，郦道元干脆赶在圣旨到达前处死了丘念。自此元悦与郦道元结下深仇。北魏孝昌三年（527年），元悦乘雍州刺史萧宝夤企图反叛之机，怂恿朝廷派郦道元去做关右大使。萧宝夤果然反叛，派人把郦道元和弟弟郦道峻及其二子在阴盘（今陕西省临潼县东）驿亭一同杀害。魏收修撰《魏书》，将郦道元列入《酷吏传》。

作为一位杰出的地理学家，道元在《水经注》的序言中对前代的著名地理著作进行了批评点评。秦朝以前我国已经有了许多地理类书籍，但当时由于国家不统一，生产力水平尚不够发达，人们对地理的概念还比较模糊，这些作品中普遍存在的问题就是虚构。如《山海经》《穆天子传》《禹贡》等。我们认为这种虚构是受当时社会条件限制的，不必过分苛求。在这种虚构中我们仍能发现有价值的东西。这种情况直到秦、汉时期仍有一定市场，与人们相求真正了解地理知识的需要发生矛盾。郦道元是坚决反对这种"虚构地理学"的。他提倡严谨的学风，改变这种不再适应社会发展的情况，他在《水经注》序中提出了自己的研究和工作方法。其主要原则就是重视野外考察的重要性。前代地理学者中已有人开始考察研究工作，但还没有意识到它的重要性。我们常说科学的基础是真实，地理学当然更需要真实，郦道元可以说开创了我国古代"写实地理学"的历史。

在郦道元生活的时代，当时的欧洲历史正是所谓"黑暗时代"，全欧洲在地理学界都找不出一个杰出的学者。郦道元在世界地理学发展史上也占有重要的地位。

郦道元一生勤于读书和著述，《魏书》卷八十九说："道元好学，历览奇书"，代表作有《水经注》。道元写景文字，遣词精当，"词组只字，妙绝古今"。历来研究《水经注》称"郦学"。唐代李白、杜甫的诗，都吸收了《水经注》的艺术滋养，柳宗元的《永州八记》文章实脱胎于《水经注》。宋朝苏轼说："嗟我乐何深，《水经》也屡读。"日本地理学家米仓二郎称郦道元为"中世纪全世界最伟大的地理学家"。

## 新大陆的发现者——哥伦布

克里斯托弗·哥伦布（约1451—1506），生于意大利热那亚，卒于西班牙巴利亚多利德 Valladolid。一生从事航海活动。先后移居葡萄牙和西班牙。相信大地球形说，认为从欧洲西航可达东方的印度和中国。在西班牙国王支持

下，先后 4 次出海远航（1492～1493 年，1493～1496 年，1498～1500 年，1502～1504 年）到达了西欧人认为的美洲大陆，他也因此成为名垂青史的航海家。开辟了横渡大西洋到美洲的航路。先后到达巴哈马群岛、古巴、海地、多米尼加、特立尼达等岛。在帕里亚湾南岸首次登上美洲大陆。考察了中美洲洪都拉斯到达连湾两千多千米的海岸线；认识了巴拿马地峡；发现和利用了大西洋低纬度吹东风，较高纬度吹西风的风向变化。他误认为到达的大陆是印度，并称当地人为印第安人。

1451 年哥伦布生于意大利的热那亚。哥伦布在青年时代没有受到过多少正规教育。虽然他的父亲是一个著名的纺织匠，但哥伦布对航海和来往于地中海之上的商船发生了浓厚的兴趣。哥伦布十分崇拜曾在热那亚坐过监狱的马可·波罗，他读过《马可·波罗游记》，十分向往印度和中国。当时，地圆说已经很盛行，哥伦布也深信不疑。他先后向葡萄牙、西班牙、英国、法国等国国王请求资助，以实现他向西航行到达东方国家的计划，都遭拒绝。一方面，地圆说的理论尚不十分完备，许多人不相信，把哥伦布看成江湖骗子。一次，在西班牙关于哥伦布计划的专门的审查委员会上，一位委员问哥伦布：即使地球是圆的，向西航行可以到达东方，回到出发港，那么有一段航行必然是从地球下面向上爬坡，帆船怎么能爬上来呢？对此问题，滔滔不绝、口若悬河的哥伦布也只有语塞。另一方面，当时，西方国家对东方物质财富需求除传统的丝绸、瓷器、茶叶外，最重要的是香料和黄金。其中香料是欧洲人起居生活和饮食烹调必不可少的材料，需求量很大，而本地又不生产。当时，这些商品主要经传统的海、陆联运商路运输。经营这些商品的既得利益集团也极力反对哥伦布开辟新航路的计划。哥伦布为实现自己的计划，到处游说了十几年。直到 1492 年，西班牙王后慧眼识英雄，她说服了国王，使国王甚至要拿出自己的私房钱资助哥伦布，使哥伦布的计划才得以实施。

1492 年 8 月 3 日，哥伦布受西班牙国王派遣，带着给印度君主和中国皇帝的国书，率领三艘百十来吨的帆船，从西班牙巴罗斯港扬帆出大西洋，直向正西航去。经七十昼夜的艰苦航行，1492 年 10 月 12 日凌晨终于发现了陆地。哥伦布以为到达了印度。后来知道，哥伦布登上的这块土地，属于现在中美洲巴勒比海中的巴哈马群岛，他当时为它命名为圣萨尔瓦多。1493 年 3 月 15 日，哥伦布回到西班牙。此后他又三次重复他的向西航行，又登上了美洲的许多海岸。直到 1506 年逝世，他一直认为他到达的是印度。后来，一个叫做亚美利哥的意大利学者，经过更多的考察，才知道哥伦布到达的这些地方不是印度，而是一个原来不为人知的新的大陆。哥伦布发现了新大陆。但是，这块大陆却用证实它是新大陆的人的名字命了名：亚美利加洲。后来，

对于谁最早发现美洲不断出现各种微词。但是哥伦布发现新大陆的结论是不容置疑的。

靠着一个罗盘，各种海图，一副两脚规，一个直尺和一个计时的沙漏这些最基本的航海仪器，哥伦布凭借其高超的航海技能四次远航美洲，无论在航海史还是探险史上都是绝无仅有的。作为美洲的发现者，他是人类开拓史上的英雄。

## 第一个登上南极点的人——阿蒙森

罗尔德·阿蒙森（1872—1928）挪威极地探险家，第一个到达南极的人。1872年7月16日生于奥斯陆附近的博尔格。曾在挪威海军服役。1901年到格陵兰东北进行海洋学研究。1903～1906年乘单桅帆船第一次通过西北航道（从大西洋西北经北冰洋到太平洋），并发现北磁极。在获悉罗伯特·皮尔里成功到达北极后，积极准备探测南极。1910年6月乘"前进"号从挪威出发，经过4个多月的艰难航行，"费拉姆"号穿过南极圈，进入浮冰区，于1911年1月4日到达攀登南极点的出发基地——鲸湾。阿蒙森在那里建立了基地进行了10个月的充分准备，度过了6个月漫长的冬季。同时，阿蒙森也着手南极探险的准备工作，他率领3名队员，带着充足的食物，分乘3辆雪橇。从南纬80°起，每隔100千米建立一个食品仓库，里面放置了海豹肉、黄油、煤油和火柴等必需品，仓库用冰雪堆成一座小山，小山上再插一面挪威国旗。这样，在茫茫雪地上，很远就能发现仓库的位置。阿蒙森一共建立了3座食品仓库。

当阿蒙森回到鲸湾的时候，英国人斯科特率领的探险队也到了，两个竞争对手进行了友好的互访。阿蒙森看到斯科特带的西伯利亚小马和摩托雪橇。而他自己率领一百多条爱斯基摩狗组成的雪橇队探险，阿蒙森坚信，爱斯基摩大狗有着比西伯利亚小马更惊人的耐寒能力，后来的事实也证明了这一点。

10月20日，阿蒙森带领4名队员，分乘4辆由爱斯基摩狗拉的雪橇，正式向南极进发了。斯科特在 11 月 1 日，也踏上了南极探险之旅。两支探险队在冰天雪地的南极洲，展开了一场争夺光荣与梦想的竞争。

阿蒙森前进的速度很快，他用了 4 天时间就赶到一号仓库。在到达南纬 85°时，出现在他面前的是连绵起伏的南极高原。阿蒙森下令，把较为瘦弱的 24 条狗杀掉，用 18 条强壮的狗牵拉 3 辆雪橇，带足 60 天的粮食，轻装上路。这时，南极地区天气异常恶劣。暴风雪连续刮了五天五夜，为了抢先赶到南极，阿蒙森他们顶风冒雪，艰难的前进。12 月 15 日，阿蒙森终于率先到达了南极。阿蒙森激动的心情简直难以言表。他们互相欢呼拥抱，庆贺胜利，并把一面挪威国旗插在南极点上。他们在南极点设立了一个名为"极点之家"的营地，进行了连续 24 小时的太阳观测，测算出南极点的精确位置，并在点上叠起一堆石头，插上雪橇作标记，还在南极点的边上搭起一顶帐篷。阿蒙森深信斯科特很快就能到达南极点，而自己的归途又是相当艰难的，任何意外都有可能发生。于是，他便在帐篷里留下了分别写给斯科特和挪威哈康国王的两封信。阿蒙森这样做的用意在于，万一自己在回归途中遇到不幸，斯科特就可以向挪威国王报告他们胜利到达南极点的喜讯。然而与此同时，恶

劣的天气给斯科特他们带去了灾难，他们的西伯利亚小马在探险途中全部冻死。虽然斯科特在 1 月 18 日也到达了南极点，但由于他们的体力衰竭，斯科特和他的探险队员在归途中相继倒下了。8 个月后，营救人员发现了他们的遗体和斯科特留下的一本日记。

阿蒙森在南极点上停留了 3 天。12 月 18 日，他们带着两架雪橇和 18 只狗，踏上了返回鲸湾基地的旅途。阿蒙森伟大的南极点之行，轰动了整个世界，人们为他所取得的成就欢呼喝彩。

阿蒙森为极地探险而生，并为极地探险而死，当诺比尔两年后乘坐"挪威号"的姊妹飞艇"意大利号"进行第二次北极飞行时，探险队失踪。阿蒙森参加了前往寻找飞艇的搜救队，另外一只搜救队发现了飞艇和仍然活着的诺比尔，但是，阿蒙森与他的伙伴却再也没有回来。

# 第四章

# 人文艺术

艺术是一种文化现象，大多为满足主观与情感的需求，亦是日常生活进行娱乐的特殊方式。其根本在于不断创造新兴之美，借此宣泄内心的欲望与情绪，属浓缩化和夸张化的生活。文字、绘画、雕塑、建筑、音乐、舞蹈、戏剧、电影等任何可以表达美的行为或事物，皆属艺术。

# 雕　塑

## 雕塑的发展

雕塑是造型艺术之一，是雕、刻、塑三种创制方法的总称。以一定的物质材料和手段制作的三维空间形象的艺术。其制作手段有雕刻、塑、堆、贴、焊、敲、编等，又称雕刻。指用各种可塑材料或可雕、可刻的硬质材料，创造出具有一定空间的可视、可触的艺术形象，借以反映社会生活、表达艺术家的审美感受、审美情感、审美理想的艺术。

雕塑的产生和发展与人类的生产活动紧密相连，同时又受各个时代宗教、哲学等社会意识形态的直接影响。如法国旧石器时代的圆雕裸女和牝马、野猪等浮雕，中国陕西何家湾和辽宁凌源、建平等地发现的 5000～6000 年前新石器时代的石雕、骨雕、人像和女神彩塑头像等，反映了人类对自然力的崇拜和对动物的崇拜以及认识人本身、认识世界的过程。雕塑是时代、思想、感情、审美观念的结晶，是社会发展形象化的记录。

西方中世纪和文艺复兴时期油画多有取材于古希腊神话（及其发展古罗马神话）的，而在西方雕塑发展史上，古希腊雕塑代表着一种美学高度。希腊艺术家确立规范和原则，对后世西方艺术创作产生了深远影响，文艺复兴时期和新古典主义的雕塑艺术就以其为标杆。

在中世纪的欧洲，基督教成为封建统治的有力支柱。因此，欧洲中世纪的雕塑主要为基督教服务。许多优秀雕刻家从事教堂建筑的装饰雕塑和内部陈列的圆雕工作。法国的安高莱姆教堂，康城的三圣教堂，德国盖因拉德的圣基列阿教堂中的许多雕刻，都具有代表性。各色各样的雕塑，都有助于加强宗教神秘的气氛。

14世纪的法国雕塑中，哥特式艺术反映现实倾向增强，对人物姿态、表情、形体等方面开始夸张强调，为宗教服务的哥特式雕塑开始出现了新兴资产阶级艺术的萌芽。中世纪的雕塑有精华有糟粕，许多作品中充满迷信、荒诞的宗教内容，但从艺术遗产的角度来看，当时的雕塑家们也创造了不少属于人民的、有积极因素的好作品，在世界美术史上占有相当重要的位置。

从15世纪后半叶开始一直到16世纪，文艺复兴文化在欧洲许多国家产生和形成。文艺复兴时期的雕刻，继承并发展了希腊、罗马雕刻艺术的传统，使雕刻艺术达到了高度繁荣，文艺复兴时期的著名雕刻家，差不多都集中在佛罗伦萨。最先出现的雕刻大师是季培尔蒂，佛罗伦萨洗礼堂的两扇青铜大门上的装饰浮雕是他的代表作。伟大的雕刻家米开朗基罗把这两扇大门赞誉为"天堂之门"。同一个时期的伟大雕刻家还有多那泰罗、委罗齐奥等。而米开朗基罗的出现，则标志着文艺复兴时期的雕刻艺术发展到了最高峰。他们以写实的手法，用准确的人体解剖学，塑造人物形象，使人的形态有很强的力度感，以雕刻的艺术语言塑造传神的形象和高度的技巧手法。文艺复兴时期的雕刻艺术对后期的雕刻家有极大的影响。

## 各时期的雕塑作品代表

### 远古雕塑代表作品

《维林多夫的维纳斯》，石灰石圆雕，高约10厘米，宽5厘米，约产生于公元前30 000年。人类雕塑艺术的历史源远流长，最早甚至可以追溯到旧石器时代。这尊"维林多夫的维纳斯"就是人们所发现的迄今为止最早的雕塑艺术的代表作，这尊小圆雕发现于奥地利摩拉维亚的维林多夫山洞中，距今

已有约三万年的历史了。

这尊雕像头部和四肢雕刻得十分粗糙，脸部特征基本忽略，头发均匀地卷曲排列在整个头部上，但胸部突出，腹部宽大，女性特征被强调得极其夸张。人们推测它很可能是当时母系氏族社会崇拜的偶像，表达了早期人类渴望种族繁衍的愿望。同时，它也是旧石器时代母权制社会观念的反映。由于发现于维林多夫山洞中，所以西方美术考古学家们戏称其为"维林多夫的维纳斯"。这尊雕像被公认为是人类雕塑艺术的开端。

**古代希腊代表作品**

《雅典娜头像》，大理石复制品，高41厘米，收藏于意大利波洛尼亚市博物馆，原作为菲狄亚斯作于约公元前490～前430年。古希腊时代，雅典人修建了许多雅典娜的神像来赞美这位古希腊的庇护神，其中以著名雕刻家菲狄亚斯的作品最为著名。菲狄亚斯曾应利姆诺斯岛上的雅典移民的请求，创作了一尊向雅典娜谢恩的纪念雕像，称为《利姆尼阿的雅典娜》，后来安放在雅典卫城。据说这尊雕像不像以前雅典娜的雕像一样宣扬战斗和激情，而是充满了和平和宁静。所以雅典娜的形象不再是持长矛和盾牌，顶盔贯甲、全副武装的形象，而完全是一位端庄、优美的少女形象。可惜的是原作已不复存在，现在只流传下来一个其头像的复制品，就是这尊《雅典娜头像》。它的珍贵之处就在于雅典娜是以温柔少女形象出现的，面部表情的刻画十分细致，女神似乎在低头沉思，优美中含有男性的刚强，既有纯洁少女的美，又在思考中显现出智慧，同时，眉眼之间仿佛还带有一丝淡淡的哀愁。艺术家把这种复杂的表情巧妙地结合在一起，令人不得不慨叹古希腊雕塑的精巧绝伦。

**欧洲雕塑代表作品**

夏特尔大教堂的装饰雕像，教堂雕塑，完成于公元12～13世纪。建筑是中世纪艺术的最主要的表现形式，大量的教堂就是在那个宗教狂热的时代修建的；而雕塑作品几乎都以建筑的一部分的身份出现的，内容所表现的完全是宗教故事或《圣经》中的人物。

法国是中世纪后期哥特艺术的发源地，夏特尔教堂便是有代表性的作品之一，教堂上大量的装饰性雕像也是哥特雕塑的最著名的代表作之一。在教堂门侧的立柱上，雕刻有许多直立的人物形象，有的是表现圣经中的先知和圣徒，有的是表现皇帝和皇后，体现了政教合一的思想。这些大门侧柱上的石雕，虽然有着中世纪典型的被拉长的身材和呆滞的目光，但也表现出了人物的个性，动作也有所变化。其中以教堂南墙的《四圣徒像》最为出色，这是圣经中四个不同时代的圣徒形象，都是以圆雕的形式出现的，神态生动，富有个性，形体比例也比同时代的其他作品准确，他们服装的质感也被雕刻家们细腻地表现了出来。所有这些雕像都有着安静、平和的神态，体现了基督教信念中的理想形象，具有很强的宗教感染力。

# 建 筑

## 中 国 建 筑

中国古代建筑具有朴素淡雅的风格，主要以茅草、木材为建筑材料，以木架构为结构方式（柱、梁、枋、檩、椽等构件），按照结构需要的实际大小、形状和间距组合在一起。这种建筑结构方式反映了古代宗法社会结构的清晰、有序和稳定。

### 唐 代 建 筑

唐代建筑规模宏大，规划严整，中国建筑群的整体规划在这一时期日趋成熟。唐都长安（今西安）和东都洛阳都修建了规模巨大的宫殿、苑囿、官署，且建筑布局也更加规范合理。唐代的木建筑实现了艺术加工与结构造型的统一，包括斗拱、柱子、房梁等在内的建筑构件均体现了力与美的完美结合。唐代建筑舒展朴实，庄重大方，色调简洁明快。山西省五台山的佛光寺大殿是典型的唐代建筑，体现了上述特点。

### 宋代建筑

宋代的建筑水平达到了新的高度。这一时期的建筑一改唐代雄浑的特点，变得纤巧秀丽、注重装饰。宋代的城市形成了临街设店、按行成街的布局，城市消防、交通运输、商店、桥梁等建筑都有了新发展。北宋都城汴梁（今河南开封）完全呈现出一座商业城市的面貌。这一时期，中国各地也已不再兴建规模巨大的建筑了，只在建筑组合方面加强了进深方向的空间层次，以衬托主体建筑，并大力发展建筑装修与色彩。位于山西省太原市晋祠内的正殿及鱼沼飞梁即是典型的宋代建筑。

宋代砖石建筑的水平不断提高，这时的砖石建筑主要是佛塔和桥梁。浙江杭州灵隐寺塔、河南开封繁塔等均是宋代砖石建筑的典范。

### 元代建筑

元代建筑发展基本处于凋敝状态，大部分建筑简单粗糙。元代的都城大都（今北京北部）规模宏大且形制得以延续，明、清两朝皇城——北京的规模就是这一时期创建的。留存至今的元代太掖池万岁山（今北京北海琼岛）也是元代的盛景。

由于元朝统治者崇信宗教，尤其是藏传佛教，这一时期的宗教建筑异常兴盛。北京的妙应寺白塔就是一座由尼泊尔工匠设计建造的喇嘛塔。

### 明代建筑

明代的建筑样式大都继承于宋代而无显著变化，但建筑设计规划以规模宏大、气象雄伟为主要特点。这一时期的城市规划和宫殿建筑均为后世所沿用，都城北京和中国现存规模最大的古城南京均得益于明代的规划和经营，

清代帝王的宫殿也是在明宫殿的基础上不断扩展完善而来的。这一时期的都城北京是在原有基础上改建的，建后分为外城、内城和皇城三部分。

### 清代建筑

清代的建筑大体因袭明代传统，但也有发展和创新，建筑物更崇尚工巧华丽。清代的都城北京城基本保持了明朝时的原状，城内共有20座高大、雄伟的城门，气势最为磅礴的是内城的正阳门。因沿用了明代的帝王宫殿，清代帝王兴建了大规模的皇家园林，这些园林建筑是清代建筑的精华，其中包括华美的圆明园与颐和园。

这一时期，建筑技艺仍有所创新，主要表现在玻璃的引进使用及砖石建筑的进步等方面。这一时期，中国的民居建筑丰富多彩，灵活多样的自由式建筑较多。

# 西 方 建 筑

### 古希腊的建筑风格

古希腊的建筑艺术，则是欧洲建筑艺术的源泉与宝库。古希腊建筑风格的特点主要是和谐、完美、崇高。而古希腊的神庙建筑则是这些风格特点的集中体现者，古希腊的"柱式"，这种规范和风格的特点是，追求建筑的檐部（包括额枋、檐壁、檐口）及柱子（柱础、柱身、柱头）的严格和谐的比例和以人为尺度的造型格式。古希腊最典型、最辉煌，也是意味最深长的柱式主要有三种，即陶立克、爱奥尼克和科林斯柱式。代表性的建筑群体：雅典卫城。

**古罗马的建筑艺术**

古罗马的建筑艺术，是古希腊建筑艺术的继承和发展。古罗马的建筑理论家维特鲁威，在其《建筑十书》中曾经指出，建筑的基本原则应当是"须讲求规例、配置、匀称、均衡、合宜以及经济"。这可以说是对古罗马建筑特点及其艺术风格的一种理论总结。从而在屋顶造型方面，出现了在古希腊建筑中很难见到的"穹拱"屋顶。正是这"穹拱"屋顶，成为了古罗马建筑，特别是房屋类建筑与古希腊房屋类建筑最明显的区别。以"圆"为主的风格，是典型的古罗马建筑的特点。代表：古罗马大斗兽场、古罗马的潘泰翁神庙（又称万神庙）。

**拜占庭建筑的风格**

公元395年，显赫一时的罗马帝国分裂为东、西两个国家，西罗马的首都仍在当时的罗马，而东罗马则将首都迁至拜占庭，其国家也就顺其迁移被称为拜占庭帝国。拜占庭建筑的特点，主要有四个方面：第一个特点是屋顶造型，普遍使用"穹隆顶"。第二个特点是整体造型中心突出。那体量既高又大的圆穹顶，往往成为整座建筑的构图中心。第三个特点是它创造了把穹顶支承在独立方柱上的结构方法和与之相应的集中式建筑形制。其典型作法是在方形平面的四边发券，在四个券之间砌筑以对角线为直径的穹顶，仿佛一个完整的穹顶在四边被发券切割而成，它的重量完全由四个券承担，从而使内部空间获得了极大的自由。第四个特点是色彩灿烂夺目。代表：君士坦丁堡的圣索菲亚大教堂。

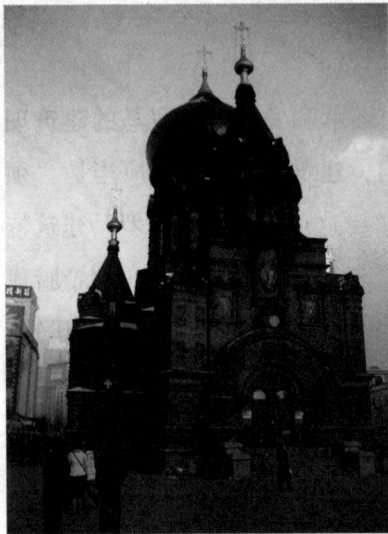

### 哥特式建筑的风格

哥特，原为参加覆灭古罗马帝国的一个日耳曼民族，其称谓含有粗俗、野蛮的意思。它是文艺复兴时期的欧洲人，因厌恶中世纪的黑暗而"赠"给中世纪建筑的。习惯上人们将与中世纪的这种主要建筑风格一致的建筑，均称为"哥特式建筑"。大多是教堂建筑。中世纪占统治地位的意识是宗教意识，特别是基督教意识。哥特式建筑的总体风格特点是：空灵、纤瘦、高耸、尖峭。尖峭的形式，是尖券、尖拱技术的结晶；高耸的墙体，则包含着斜撑技术、扶壁技术的功绩。外观的基本特征是高而直，其典型构图是一对高耸的尖塔，中间夹着中厅的山墙，在山墙檐头的栏杆、大门洞上设置了一列布有雕像的凹龛，把整个立面横联系起来，在中央的栏杆和凹龛之间是象征天堂的圆形玫瑰窗。西立面作为教堂的入口，有三座门洞，门洞内都有几层线脚，线脚上刻着成串的圣像。所有的墙体上都保持了垂直的线条，一切造型部位和装饰细部都以尖拱、尖券、尖顶为合成要素，所有的拱券都是尖尖的，所有门洞上的山花、凹龛上的华盖、扶壁上的脊边都是尖耸的，所有的塔、扶壁和墙垣上端都冠以直刺苍穹的小尖顶。代表：法国的巴黎圣母院，意大利的米兰大教堂，德国的科隆大教堂。

### 巴洛克建筑的风格

巴洛克，是产生于文艺复兴高潮过后的一种文化艺术风格，意为畸形的珍珠，其艺术特点就是怪诞、扭曲、不规整。巴洛克建筑风格的基调是富丽堂皇而又新奇欢畅，具有强烈的世俗享乐的味道。它主要有四个方面的特征：第一，炫耀财富。它常常大量用贵重的材料、精细的加工、刻意的装饰，以显示其富有与高贵。第二，不囿于结构逻辑，常常采用一些非理性组合手法，从而产生反常与惊奇的特殊效果。第三，充满欢乐的气氛。提倡世俗化，反对神化，提倡人权，反对神权的结果是人性的解放，这种人性的光芒照耀着艺术，给文艺复兴的艺术印上了欢快的色彩。第四，标新立异，追求新奇。这是巴洛克建筑风格最显著的特征。采用以椭圆形为基础的 S 形，波浪形的平面和立面，使建筑形象产生动态感；又或者把建筑和雕刻二者混合，以求新奇感；又或者用高低错落及形式构件之间的某种不协调，引起刺激感。代表：巴洛克大师波洛米尼设计的圣卡罗教堂，意大利罗马的特列维喷泉。

# 语 言

## 汉字的起源与流变

### 汉字的起源

从仓颉造字的古老传说到 100 多年前甲骨文的发现，历代中国学者一直致力于揭开汉字起源之谜。

关于汉字的起源，中国古代文献上有种种说法，如"结绳""八卦""图画""书契"等，古书上还普遍记载有黄帝史官仓颉造字的传说。现代学者认为，成系统的文字工具不可能完全由一个人创造出来，仓颉如果确有其人，应该是文字整理者或颁布者。

最近几十年，中国考古界先后发布了一系列较殷墟甲骨文更早、与汉字起源有关的出土资料。这些资料主要是指原始社会晚期及有史社会早期出现在陶器上面的刻画或彩绘符号，另外还包括少量的刻写在甲骨、玉器、石器等上面的符号。可以说，它们共同为解释汉字的起源提供了新的依据。通过系统考察、对比遍布中国各地的 19 种考古学文化的 100 多个遗址里出土的陶片上的刻画符号，郑州大学博士生导师王蕴智认为，中国最早的刻画符号出现在河南舞阳贾湖遗址，距今已有 8000 多年的历史。

### 汉字的流变

《易·系辞下》说："古者包牺（伏羲）氏之王天下也，抑则观象于天，俯则观法于地，观鸟兽之文与地之宜，近取诸身，远取诸物，于是作八卦，以通神明之德，以类万物之情。"这段话即是演绎《易》的易理，也是创造汉字的原理。

## 1. 汉字的结构

汉字的结构是"外圆内方"。这也是来源于古人的"天圆地方"理念。"○"是"〔"的简化形式，是世界上最完美的图形。"○"的周长与直径相比是一个常量（$\pi = 3.14159\cdots\cdots$），"$\pi$"是物质世界"变易"中的"不易"，可谓"万变不离其宗"。"○"是在线条长度固定时，可以占据的最大"宇宙空间"。可见，汉字的"外圆内方"结构是"完美"和"节省"的构造方式。

## 2. "五"之说

"五→二乂"字，《说文解字》说："五，五行也，阴阳在天地间交午也"。可见，"五"字乃指"天地阴阳相交，音同'戊午'。戊，为天干第五；午，也指五月"。在著名的《河图》《洛书》中，"五"安排在图的中间，也有"阴阳相交"之意。"天"是最大的"阳象"，"地"是最大的"阴象"，"天地造化五行"。"五行"是古人认为构成世界万物的五种基本元素，即：金、木、水、火、土。

## 3. 五种基本笔画

笔画指构成楷书汉字字形的最小连笔单位。所有笔画归纳为五种标准的结构，即：横（一）竖（丨）、撇（丿）、捺（乀）、折（乙）。

## 4. 汉字的演变过程

汉字的演变过程，可以简略归纳为五个阶段：声、形、象、数、理。"声"是任何一种语言的必要组成部分。在遥远漫长的太古时代，人类从本能的"哭声、笑声……"或模仿大自然的"鸟鸣、虫叫、兽吼、风声、雷声、雨声……"中逐渐分化出具有一定意义、代表一定事物的"声音"，这就是语音的进化。例如："ma、ba"用于代表"妈、爸"可能是从哭声"啊……"中分化出来。语音进化到现代，已是一个十分复杂的系统，汉语中大约有1600种声音。语音的分化必定有其自身一定的规律，这从现代语言中可以分

辨出一些线索。例如："鹅、鸡、鸭、猫……"等家禽和家畜可能是依据其叫声而定其名的。"哈、喔、嘘、哎唷……"等声音是直接表示人类在不同情绪下的自然发声。"五→午""苗→渺""木→冒"……音相通，意相连。

上述汉字演变的五个阶段"音、形、象、数、理"，本质上也是创造汉字的五种基本方法。兹举一例说明："猫→犭苗→犭艹田"字，"犭、屮、田"都属于象形，猫叫声"miǎo"，所以，"猫"声定为"māo"，造字时声部用"苗"字表示。"苗→艹田"，音通"渺"，意为"田中渺小之草"。猫可能是在神农氏农业耕种时期，才被人驯养用于对付损害农作物和粮食的老鼠的。定十二生肖可能要早于这个时期，这也许是猫没被收录的原因。汉字造字时，若两个重叠表示多。"屮屮"表示草多，这是汉字造字中"数"的概念。"苗"本意小苗，"苗"字也延伸为"可培育的人才"，盖小孩、小苗意义相像，理则相通。这样，"苗"字外延就扩大了，这是，"理"的例子。从"猫"字的解剖中，可以看到"声、形、象、数、理"五种基本造字方法，并能看到汉字演变的历史沿革。

# 汉字与汉语

### 汉语概述

汉语是世界主要语言之一，属汉藏语系，是这个语系里最主要的语言。除了中国大陆和台湾省以外，汉语还分布在新加坡、马来西亚等地。以汉语为母语的人大约有 9.4 亿。汉语是联合国的工作语言之一。

汉语的标准语是近几百年来以北方官话为基础逐渐形成的。它的标准音是北京音。汉语的标准语在中国大陆称为普通话，在台湾称为国语，在新加坡、马来西亚称为华语。在广义上是指汉族的语言，狭义上指普通话，另外还有国语、华语、中文等称呼都是指汉语。毫无疑问，汉语是世界上使用人数最多的一种语言，世界上大约有五分之一的人使用汉语作为母语。汉语也曾对其周边的国家的语言文字产生过重要影响。如日语、韩语、越南语中都保留有大量的汉语借词以及汉语书写体系文字。

**语音**

汉语的音节可以分为声母、韵母、声调 3 部分。打头的音是声母，其余的部分是韵母，声调是整个音节的音高。把声调也看成音节的组成部分，是因为汉语的声调是辨义的。如"汤、糖、躺、烫"四个字的声母都是 [t]，韵母都是 [ang]，只是因为声调不同，意义就不一样，在语言里分别代表 4 个不同的语素（最小的有意义的语言单位），在书面上写成四个不同的字。

1918 年由当时的教育部颁布的国语注音字母是利用汉字字形制定的一套拼音字母。这套字母把主要元音与韵尾合在一起用一个符号表示（例如：ㄠ = [au]，ㄢ = [an]），体现了传统的声母韵母两分的精神。注音字母广泛流传，影响很大。台湾省一直沿用至今。

1958 年公布的汉语拼音方案采用拉丁字母。自 1978 年开始，中国人名、地名一律改用汉语拼音字母拼写，取代了威妥玛式等各种旧拼法。

**语法**

汉语的语素绝大部分是单音节的（手｜洗｜民｜失）。语素和语素可以组合成词（马+路→马路｜开+关→开关）。有的语素本身就是词（手、洗），有

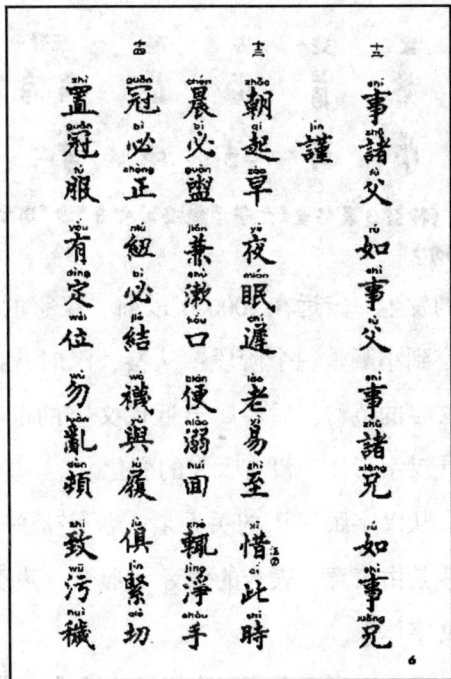

的语素本身不是词，只能跟别的语素一起组成复合词（民→人民｜失→丧失）。现代汉语里双音节词占的比重最大。大部分双音词都是按照上面提到的复合方式造成的。

文字

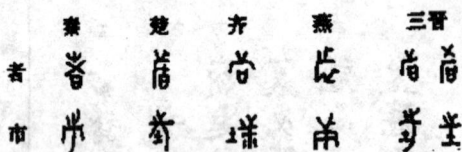

（转引自裘锡圭《文字学概要》，部分"者"取于字的偏旁）

从目前我们能看到的最早的成批的文字资料——商代甲骨文字算起，汉字已有 3000 年的历史。由于甲骨文字已经是相当成熟的文字体系，我们可以推断汉字的发生一定远在 3000 年以前。汉字的发展可以划分为两个大阶段。从甲骨文字到小篆是一个阶段；从秦、汉时代的隶书以下是另一个阶段。前者属于古文字的范畴，后者属于近代文字的范畴。大体说来，从隶书到今天使用的现代汉字形体上没有太大的变化。

从汉字跟汉语的关系看，汉字是一种语素文字。从汉字本身的构造看，汉字是由表意、表音的偏旁（形旁、声旁）和既不表意也不表音的记号组成的文字体系。

汉字起源于图画。在汉字产生的早期阶段，象形字的字形跟它所代表的语素的意义直接发生联系。虽然每个字也都有自己固定的读音，但是字形本身不是表音的符号，跟拼音文字的字母的性质不同。象形字的读音是它所代表的语素转嫁给它的。随着字形的演变，象形字变得越来越不象形。结果是字形跟它所代表的语素在意义上也失去了原有的联系。这个时候，字形本身既不表音，也不表义，变成了抽象的记号。如果汉语里所有的语素都是由这种既不表音也不表义的记号代表的，那么汉字可以说是一种纯记号文字。不过事实并非如此。汉字有独体字与合体字的区别。只有独体字才是纯粹的记号文字。合体字是由独体字组合造成的。从构造上说，合体字比独体字高一个层次。因为组成合体字的独体字本身虽然也是记号，可是当它作为合体字的组成成分时，它是以有音有义的"字"的身份参加的。

## 方言

中国幅员辽阔，人口众多，方言情况复杂。下边把汉语方言粗分为官话和非官话两大类来说明。官话分布在长江以北地区和长江南岸九江与镇江之间沿江地带以及湖北、四川、云南、贵州4省，包括北方官话、江淮官话、西南官话几个方言区。官话区域的面积占全国3/4，人口占全国2/3。官话方言内部的一致程度比较高。从哈尔滨到昆明，相距3000千米，两地的人通话没有多大困难。非官话方言主要分布在中国东南部，包括吴方言（江苏南部，浙江大部）、赣方言（江西大部）、湘方言（湖南大部，广西壮族自治区北部）、粤方言（广东大部，广西壮族自治区东南部）、闽方言（福建，台湾，广东的潮州、汕头、海南地区）、客家方言（广东省东部和北部，福建西部，江西南部，台湾）。非官话区域比官话区域面积小，可是方言差别大，彼此一般不能通话，甚至在同一个方言区内部（如浙南吴方言与苏南吴方言之间、福州话和厦门话之间），交谈都有困难。

## 书面语和口语

书面语和口语的差别一直相当大。在"五四"时期白话文运动以前，书面语和口语的区别实际上是古今语的区别。以唐、宋时代为例，当时人口里说的是白话，笔下写的是文言，即以先秦诸子和《左传》《史记》等广泛传诵的名篇为范本的古文文体。这种情形往上大概可以推到两汉时期，往下一直延续到20世纪初叶。孙中山1925年立的遗嘱还是用文言写的。不过2000年来作为书面语的文言本身也在变化。仿古终归难以乱真，后世人模仿古语不可能不受当时口语的影响。有人指出韩愈的文章里就有明显的不合先秦语法的地方。清代桐城派古文家模仿先秦文和唐宋古文家的文章，结果当然更为驳杂。清末梁启超用一种浅显的文言文写政论文章。由于通俗易懂，风行一时，为报纸杂志所广泛采用。目前台湾、香港以及海外中文报刊多数仍旧沿用这种文体。

# 书画艺术

## 书　法

### 书法概述

书法是中国特有的一种传统艺术。中国汉字是劳动人民创造的，开始以图画记事，经过几千年的发展，演变成了当今的文字，又因祖先发明了用毛笔书写，便产生了书法，古往今来，均以毛笔书写汉字为主，至于其他书写形式，如硬笔、指书等，其书写规律与毛笔书写规律相比，并非迥然不同，而是基本相通。基于索本求源（指甲骨文之后），这里重点介绍毛笔书写汉字的规律。只要我们对书法有了"狭义"的理解，那么对领会"广义的书法"也会大有裨益。

从狭义讲，书法是指用毛笔书写汉字的方法和规律。包括执笔、运笔、点画、结构、布局（分布、行次、章法）等内容。例如，执笔指实掌虚，五指齐力；运笔中锋铺毫；点画意到笔随，润峭相同；结构以字立形，相安呼应；分布错综复杂，疏密得宜，虚实相生，全章贯气；款识字古款今，字大款小，宁高勿低等。

从广义讲，书法是指语言符号的书写法则。换言之，书法是指按照文字特点及其涵义，以其书体笔法、结构和章法写字，使之成为富有美感的艺术作品，随着文化事业的发展，书法已不仅仅限于使用毛笔和书写汉字，其内涵已大大增加。例如，从使用工具上讲，仅笔这一项就五花八门，毛笔、硬笔、电脑仪器、喷枪烙具等种类繁多。颜料也不单是使用黑墨块，墨汁、黏合剂、化学剂、喷漆釉彩等五彩缤纷，无奇不有。过去的文房四宝——笔、墨、纸、砚，其涵义也大有

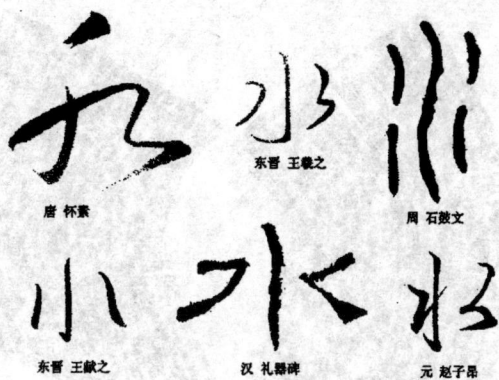

唐 怀素　东晋 王羲之

周 石鼓文

东晋 王献之　汉 礼器碑

元 赵子昂

扩展，品种之多，不胜枚举；从执笔方式上看，有的用手执笔，有的用脚执笔，就是用其他器官执笔的也不乏其人，甚至有的人写字根本就不用笔，如"指书""挤漏书"等；从书写文种上说，并非汉字一种，有的少数民族文字也登上了书法艺坛，蒙文就是一例；从书体和章法上看，除了正宗的传统书派以外，在我国又出现了曲直（线）相同、动静结合的"意向"派，即所谓现代书法。它是在传统书法基础上，加以创新，突出"变"字，融诗、书、画为一体，力求形式和内容统一，使作品成为"意美、音美、形美"的三美佳作。在日本不少书法家摒弃文字的语言性，树立文字的"形象性"，出现了"墨象"派，以用笔的轻重和徐疾、笔锋的开合及落笔位置的变化等，写出各种形象的文字。这一书派，虽突出"意象"，其字赏之也新颖，但汉字并非都是"形象"字，因此步履艰难，发展受到限制。所有这些（当然不仅是这些），可以看出书法和其他事物一样，也是在不断地发展和变化着。

### 书法的起源

书法是汉字的书写艺术。它不仅是中华民族的文化瑰宝，而且在世界文化艺术宝库中独放异彩。汉字在漫长的演变发展的历史长河中，一方面起着思想交流、文化继承等重要的社会作用，另一方面它本身又形成了一种独特的造型艺术。近代经过考证，关于中国文字起源，一般认为在距今 5000 ～ 6000 年中国黄河中游的"仰韶文化时期"，已经创造了文字。仰韶文化因

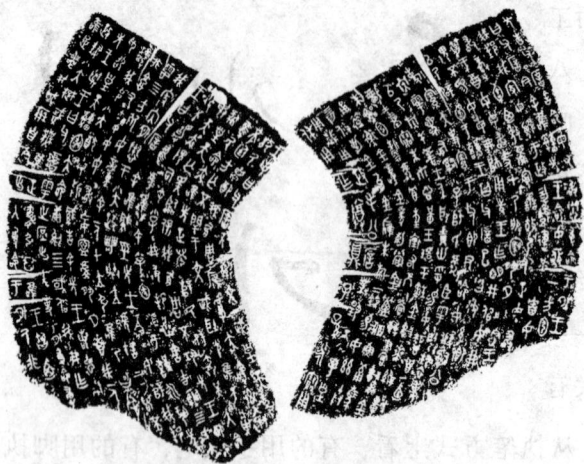

1921 年首先在河南渑池仰韶村发现而得名的。近 40 余年，又陆续有许多发现。

世界上各民族的文字，概括起来有三大类型，即表形文字、表意文字、表音文字。汉字则是典型的在表形文字基础上发展起来的表意文字。象形的造字方法即是把实物画出来。不过画图更趋于简单化、抽象化，成为突出实物特点的一种符号，代表一定的意义，有一定的读音……我们的汉字，从图画、符号到创造、定型，由古文大篆到小篆，由篆而隶、楷、行、草，各种形体逐渐形成。在书写应用汉字的过程中，逐渐产生了世界各民族文字中独一的、可以独立门类的书法艺术。

# 绘 画

**中国绘画**

中国绘画艺术历史悠久，源远流长，经过数千年的不断丰富、革新和发展，以汉族为主、包括少数民族在内的画家和匠师，创造了具有鲜明民族风格和丰富多彩的形式手法，形成了独具中国意味的绘画语言体系，在东方以至世界艺术中都具有重要的地位与影响。

1. 石器时代

中国绘画的历史最早可追溯到原始社会新石器时代的彩陶纹饰和岩画，原始绘画技巧虽幼稚，但已掌握了初步的造型能力，对动物、植物等动静形态亦能抓住主要特征，用以表达先民的信仰、愿望以及对于生活的美化装饰。

2. 春秋时代

先秦绘画已在一些古籍中有了记载，如周代宫、明堂、庙祠中的历史人物、战国漆器、青铜器纹饰，楚国出土帛画等，都已达到较高的水平。

3. 秦汉时代

秦汉王朝是中国早期历史上建立的中央集权制大国，丝绸之路沟通着中外艺术交流，绘画艺术空前发展与繁荣。尤其是汉代盛行厚葬之风，其墓室壁画及画像砖画像石以及随葬帛画，生动塑造了现实、历史、神话人物形象，具有动态性、情节性在反映现实生活方面取得了重大成就。其画风往往气魄宏大，笔势流动，既有粗犷豪放，又有细密瑰丽，内容丰富博杂，形式多姿多彩。

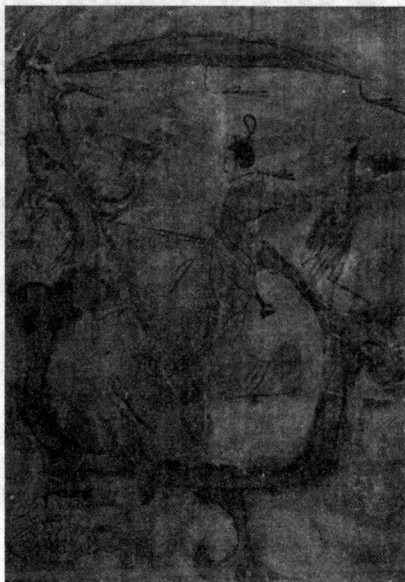

4. 南北朝时期

魏晋南北朝时期战争频仍，民生疾苦，但是绘画仍取得了较大的发展，苦难给佛教提供了传播的土壤，佛教美术勃然兴起。如新疆克孜尔石窟，甘肃麦积山石窟，敦煌莫高窟都保存了大量的该时期壁画，艺术造诣极高。由于上层社会对绘画的爱好和参与，除了工匠，还涌现出一批有文化教养的上流社会知名画家，如顾恺之等。

5. 隋唐时代

隋唐时国家统一，社会相对稳定，经济比较繁荣，对外交流活跃，给绘画艺术注入了新的机运，在人物画方面虽然佛教壁画中西域画风仍在流行，但吴道子、周昉等人具有鲜明中原画风的作品占了绝对优势，民族风格日益成熟，展子虔、李思训、王维、张璪等人的山水画、花鸟画工整富丽，取得了较高的成就。

107

### 6. 五代两宋

五代两宋之后，中国绘画艺术进一步成熟完备，出现了一个鼎盛时期，朝廷设置画院，扩充机构编制，延揽人才，并授以职衔，宫廷绘画盛极一时，文人学士亦把绘画视作雅事并提出了鲜明的审美标准，故画家辈出，佳作纷呈，而且在理论上和创作上亦形成了一套独的体系，其内容、形式、技法都出现了丰富精彩、多头发展的繁荣局面。

### 7. 元明清时代

绘画发展至元、明、清，文人画获得了突出的发展。在题材上，山水画、花鸟画占据了绝对的地位。文人画强调抒发主观情绪，"不求形似""无求于世"，不趋附大众审美要求，借绘画以示高雅，表现闲情逸趣，倡导"师造化""法心源"，强调人品画品的统一，并且注重将笔墨情趣与诗、书、印有机融为一体，形成了独特的绘画样式，涌现了众多的杰出画家、画派，以及难以计数的优秀作品。

**西方绘画**

西方绘画对色彩的运用很强调，典型的有拉斐尔的"雅典学院"。这也是西方绘画与中国绘画最本质的区别。

### 1. 石器时代

人类最早的绘画产生于旧石器时代晚期，这时期的艺术持续约有一万年之久，几乎所有的图画都集中在旧石器时代最后5000年里，即距今1.7万年到1.2万年的马格德林文化时期，这些被绘制在原始洞窟岩壁上的最古老的图画，气势恢弘，栩栩如生，堪称自然主义杰作。法国拉斯科洞窟和西班牙阿尔塔米拉洞窟的壁画，是其杰出代表。

古希腊、罗马由于战争与自然原因，没有留下纯粹的希腊绘画，唯一的材料来自于"希腊瓶画"，希腊艺术的两种追求，一是真实再现，一是优雅和谐。而对罗马绘画的了解主要来自于庞培古城。

2. 中世纪

中世纪（约公元 476—1453）的漫长时期，处于古典文明的结束与复兴之间。很多人认为中世纪艺术怪诞、迷惑，甚至贬为丑恶，也有人认为此间艺术丰富，反映出了东方文化，希腊罗马文化及蛮族文化的融合。中世纪基督教占主要地位，于是图画也为之服务。包括五个部分：一是早期基督教绘画（2~5 世纪）；二是拜占庭绘画（5~15 世纪）；三是蛮族及加洛林文艺复兴；四是罗马式（10~12 世纪）；五是哥特式（12~15 世纪）。

3. 文艺复兴

意大利是文艺复兴的中心地，14~15世纪早期画家乔托、马萨乔等把人文思想与对自然的逼真描绘结合，虽还具呆板僵硬痕迹，却显出了与中世纪不同的现实主义风格。15 世纪末到 16 世纪中叶，画家们在真实与幽雅方面达到了统一，有了达·芬奇、米开朗琪罗、拉菲尔"盛期三杰"。提香、乔尔达内等威尼斯画派画家注重光与影的表现，追求享乐主义的情调，产生了深远的影响。1520~1590 年的手法主义画家不关心作品内容的表达，而对形式因素予以极大的热情，热衷于表现扭曲的体态、奇特的透视和绚丽的色彩，反映出与文艺复兴的古典审美精神相异的情趣。另外又有尼德兰、德国、法国的文艺复兴绘画也把意大利风格与本土传统融合，创出了自己的绘画风格。

4. 17~18 世纪

17 世纪的西方绘画又开创了一个生气勃勃的新局面。以意大利、德兰德

斯、荷兰、西班牙和法国为代表。一般可分为三大类型：一是巴洛克，强烈的动势、戏剧性、光影对比及空间幻觉等特点；二是古典主义和学院派，古典主义强调理性、形式和类型的表现，忽视艺术家的灵性、感性与情趣的表达；三是写实主义，拒绝遵循古典艺术的规范以及"理想美"，也不愿意对自然进行美化，即忠实地描绘自然。18世纪的西方绘画，洛可可风格兴盛一时。与此同时，写实主义也得到发展。洛可可特点：华丽、纤巧、追求雅致、珍奇、轻艳、细腻的感官愉悦。

## 5. 19世纪

此时法国绘画在欧洲起着主导性作用。法国绘画的发展大致分为新古典主义、浪漫主义、写实主义、印象主义、新印象主义和后印象主义等阶段。

## 6. 20世纪

此时出现了众多现代主义的思潮，在艺术理论与观念上与传统绘画分道扬镳。现代主义强调主观情感的抒发，强调艺术的纯粹性及绘画语言自身的价值，他们排斥功利性，对描述性和再现性的因素也不以为然，他们认为最重要的是组织画面结构，表达内在情感，营造神秘梦境。其主要流派有：野兽主义、立体主义、巴黎画派、表现主义、未来主义、维也纳分离派、风格主义、达达主义等。

# 篆 刻

## 篆 刻 概 述

篆刻是一种特有的传统艺术，从古至今已有二三千年的悠久历史。篆刻，顾名思义，即是用篆书刻成的印章，是一种实用艺术品。它又称为"玺印""印"或"印章"等，这些称呼都因时而异。早在殷商时代，人们就用刀在龟甲上刻"字"（我们现在称为甲骨文）。这些文字刀锋挺锐，笔意劲秀，具有较高的"刻字"水平。在春秋战国至秦以前，篆刻印章称为"玺"。秦始皇统一六国后，规定"玺"为天子所专用，大臣以下和民间私人用印统称"印"。这就形成了帝王用印称"玺"或"宝"，官印称"印"，将军用印称"章"，私人用印称"印信"。

篆刻的"篆"字，古时写作"瑑"，从玉字旁。凡是在玉石上雕琢凹凸的花纹，都叫做"瑑"。后来竹帛成为通行的书写用具，于是篆字的形符，也由"玉"改为"竹"。其实在古代凡属于雕玉、刻石、镂竹、铭铜的范围，都可称为"篆刻"，印章的刻制只是其中的一小部分而已。到了秦始皇时，将全国书体作综合整理，书分八体，印面上的文字叫"摹印篆"；王莽定六书时，称为"缪篆"，从此便明定篆书为印章印文的使用字体。唐、宋之际，由于文人墨客的喜好，虽然改变了印章的体制，但仍以篆书作印，直到明、清两代，印人辈出，篆刻便成为以篆书为基础，利用雕刻方法，在印面中表现疏密、离合的艺术形态，篆刻也由广义的雕镂铭刻，转为狭义的治印之学。而此治

印之学也有人直接称为"刻印""铁笔""铁书""刻图章"等。

# 篆 刻 起 源

篆刻，自起源至今的两千多年的漫长历史中，历经了十余个朝代。在这个长期的发展过程中，篆刻艺术出现了两个高度发展的历史阶段。一个是战国、秦汉、魏晋六朝时期，这一时期的篆刻用料主要为玉石、金、牙、角等。它被称为"古代篆刻艺术时期"，它的篆刻艺术特点主要是以时代来划分。篆刻发到了唐、宋、元时期，则处于衰微的时期。在这一时期，由于楷书的应用取代了篆书，同时官印和私印根本上分家，篆刻艺术走上了下坡路。这种形势到了元末出现了转机，画家王冕发现了花乳石可以入印，从而使石料成了治印的理想材料。到了明代，篆刻艺术进入了复兴时期。明、清以来，篆刻又迎来了它的第二个发展高峰期，它的篆刻艺术特点主要是流派纷呈。在这一时期文彭、何震对流派篆刻艺术的开创起了重大的作用。文彭系文征明的儿子，是他在一次偶然的机会，发现了"灯光石"冻石可以当做治印材料。经过他的倡导，石材被广泛地应用。在这以后的一段时期内篆刻艺术流派纷呈现，出现了程邃、丁敬、邓石如、黄牧甫、赵之谦、吴让之等篆刻艺术家，一时间篆刻艺术呈现出了一派繁荣的景象。直至近现代篆刻大师吴昌硕、齐白石，从而形成了一部完整的中国篆刻历史。篆刻艺术是书法、章法、刀法三者完美的结合，一方印中，既有豪壮飘逸的书法笔意，又有优美悦目的绘画构图，并且更兼得刀法生动的雕刻神韵。可称得上"方寸之间，气象万千"。

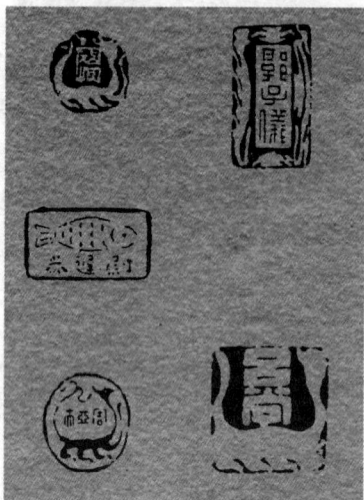

中国文字随着时间的绵延，经过了不断的发展，蕴涵了动人的多样风貌，

在印面之内跌宕生姿，以一种有情、有致的方式呈现出来，小小方寸之内充满了时间的古朴和空间的浑厚，虽几经更迭，仍能以温润的光泽、古雅的韵趣，引人玩味，这就是篆刻的艺术。

篆刻印章起源甚早，据《汉书祭祀志》载："自五帝始有书契，至于三王，俗化雕文，诈伪渐兴，始有印玺，以检奸萌。"

远在三千七百多年前的殷商时代，便盛行刻字艺术。但印面并无本来意思的文字，只有象征血缘集团的记号，附加在同时代的青铜器或旗子上。虽说是记号，确有一定的读音。到了周代，以青铜质为主的"周玺"大为兴起。各种大小形状都有，一般分为白文，朱文两种。秦代是中国文字由"籀书"演变成为篆书的时期，印的形式也更为广泛，印文圆润苍劲，笔势挺拔。

汉代印章到达兴盛，史称汉印，字体由小篆演变成"缪篆"。汉印的印形制、印纽亦十分精美。西泠八家的奚冈曾说："印之宗汉也，如诗文宗唐，字文宗晋。"

传统认为，篆刻必先篆后刻，甚至有"七分篆三分刻"之说。篆刻本身是一门与书法密切结合的艺术。篆刻家的作品与刻字铺师傅刻出的领工资用的印章的根本区别，在于前者是"写"的，讲究章法篆法，后者是靠"描的"，并不计较章法篆法。不研究篆刻不讲究章法刻出的印必然十分僵板。故学习篆刻的同时一定要十分认真地选择篆书碑帖临写，经过一个阶段的训练，便会明显觉得篆印时的便利，不少初学者重刻轻写，往往事倍功半。

章法就是一个字或一个组字在印面上排列的艺术，比较复杂而变化多端，是篆刻艺术中最重要的一环。如果一方印光有熟练的刀法而无高明的章法，必无佳作可言。尤其是成套成组的创作，必须方方有变化，更要显示作者在章法上的功底。故在设计印稿时应反复构想。这一点，篆刻大师吴昌硕慎重的创作态度是值得我们学习的。要根据文字具体的笔画、笔势、形体及字与字之间的相互关系设计出相宜的形式。

# 篆 刻 种 类

周玺印——秦朝以前，不论官印或私印都不称为印，统称为"玺"。这是中国印章最早的名称。玺有大有小，大的几寸见方，小的只有几分。印质有铜有玉。玺印采用大篆、籀文，布局松而不散，舒展自如，气势雄健挺拔。小玺则比较清丽。

秦、汉官印——秦始皇统一中国后，对混乱的六国文字作了改革，制定了统一的字体——小篆。在当时社会，小篆是规范用字，因此也是印章上的规范用字。

秦印的形式与以往不同：四周多采用"田"形框。印文平均分配在框内。

唐、宋以来的官私印——唐代印章仍用篆体，但和六朝以前有很大区别。

秦、汉印印文多用缪篆，刻白文。

唐代因用印色直接盖在棉纸上，官印一律采用朱文，当时也有人用隶书入印。

宋代官印接近唐代。但到金代则用"九叠篆"入印。宋、元私印变化很

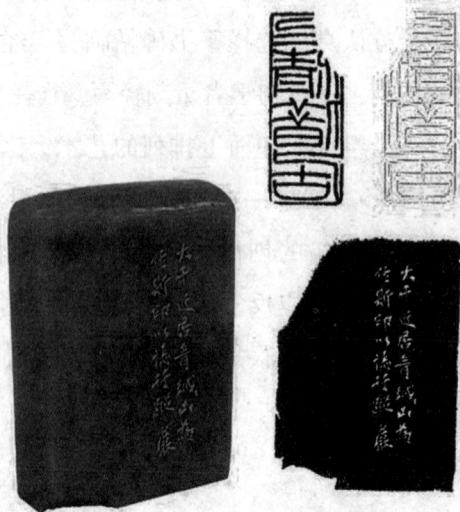

多，用途广泛，质地除铜、玉外，又增用象牙、犀角之类。并且当时能看到朱红印泥印在书画作品上，产生艺术效果。

明代官印也沿用"九叠篆"，尺寸比宋代、元代更大。多数是阔边粗朱文。

清代官印半边用汉篆，半边用满文。常设正规官，官印是方形；临时派遣的官，官印是长方形，叫作"关防"。

# 篆 刻 流 派

徽派——徽派从何震开始，后有以下几位：

巴慰祖（1774—1793）字穆青，又号垢道人。

胡唐（1759—?），又名长庚，字子西。

董洵（1740—?），字企泉，号小池。

苏宣，字尔宣，号泗水。

汪关，字尹子。

程朴，字元素。

朱简，字修能，号畸臣。

以上都是远追秦、汉，自出新意的高手。

徽派的印章特点加强了对秦、汉印长处的吸取，篆法简洁，章法平正。刀法多采用冲刀，线条凝练。

浙派——浙派名家最著名的为：

胡震（1814—1860），字不恐，号鼻山。

奚冈（1746—1803），字铁生，工山水。

浙派的特点，用刀多采切刀法，线条粗犷，运刀任意不羁。给人老辣痛快的感觉。

西泠八家——西泠八家有以下八位：

丁敬（1695—1765），字敬身，精隶书。

115

蒋仁（1743—1795），字阶平，诗画兼工。

黄易（1744—1802），字小松，善画并工隶书。

奚冈（1746—1803），字铁生，工山水。

陈豫钟（1762—1822），字俊仪，工画兰竹，善制小印。

陈鸿寿（1768—1822），字子恭，善古隶。

钱松（1818—1860），字叔盖，曾摹刻古印两千余方。

赵之琛（1781—1852），字献甫，善画花卉。

晚清名家——晚清名家有以下多位：

赵之谦（1829—1884），号益甫。曾苦工汉印、瓦当。

吴昌硕（1849—1908），字仓石，为近代罕见之书画印全精大师。是上海西泠印社创始人之一。

黄士陵（1849—1908），字牧甫，治印初学皖派，后力宗周秦印玺。印风平正中见流动。

# 文　学

## 诗　歌

### 诗歌概念起源

诗歌是一种主情的文学体裁，它以抒情的方式，高度凝练，集中地反映社会生活，用丰富的想象、富有节奏感、韵律美的语言和分行排列的形式来抒发思想情感。诗歌是有节奏、有韵律并富有感情色彩的一种语言艺术形式，也是世界上最古老、最基本的文学形式。诗歌起源于上古的社会生活，因劳动生产、两性相恋、原始宗教等而产生的一种有韵律、富有感情色彩的语言形式。《尚书·虞书》："诗言志，歌咏言，声依永，律和声。"《礼记·乐记》："诗，言其志也；歌，咏其声也；舞，动其容也；三者本于心，然后乐器从之。"早期，诗、歌与乐、舞是合为一体的。诗即歌词，在实际表演中总是配合音乐、舞蹈而歌唱，后来诗、歌、乐、舞各自发展，独立成体，诗与歌统称诗歌。

### 诗歌的由来

在我们这个诗的国度，几千年来，诗歌一直是文学史的主流。

诗是怎么样产生的呢？原来在文学还没形成之前，我们的祖先为把生产斗争中的经验传授给别人或下一代，以便记忆、传播，就将其编成了顺口溜式的韵文。据闻一多先生考证。"诗"与"志"原是同一个字，"志"上从

"士"，下从"心"，表示停止在心上，实际就是记忆。文字产生以后，有了文学的帮助，不必再死记了，这时把一切文字的记载叫"志"。志就是诗。在心为志，发言为诗。

### 诗人的来源

诗人一词，战国时就有了，何以为证？《楚辞·九辩》注释说："窃慕诗人之遗风兮，愿托志乎素餐。"《正字通》注释说："屈原作离骚，言遭忧也，今谓诗人为骚人。"这便是诗人一词的最早提法，从此以后，诗人便成为两汉人习用的名词。辞赋兴起之后，又产生辞人一词。杨子云《法言·吾子篇》说："诗人之赋以则，辞人之赋丽以淫。"用"则"和"淫"来划分诗人与辞人的区别，足见汉代是把诗人看得很高贵，把辞人看得比较低贱。

六朝以后，社会上很看重辞赋，认为上不类诗，下不类赋，以此又创立了"骚人"一词。从战国而至盛唐，诗人、骚人的称号受人尊敬。

中国是诗歌的王国，从远古至近代诗歌不知其几千亿，因种种原因失传了的除外，保存下来的仍可说是浩如烟海。诗歌也和其他任何事物一样，有一个萌芽、产生、发展变化的过程。《弹歌》"断竹、续竹，飞土、逐肉"据说是黄帝时代的歌谣，公认是原始社会诗歌，是二言诗之始。《诗经·有驷》"振振鹭、鹭于飞、鼓咽咽、醉言归"是三言诗之始。《周易》"其亡其亡，系于苞桑"四言诗之始。《卜辞》"其自西来雨，其自东来雨，其自北来雨，其自南来雨"五言诗之始。《诗经·卷耳》"我姑酌彼金罍，我姑酌彼兕觥"六言诗之始。《诗经·鹿鸣》"我有旨酒，以燕乐嘉宾之心"七言诗之始。《诗经·十月之交》"我不敢效我友自逸"八言诗之始。《诗经·昊天有成命》"二后受之成王不敢康"九言诗之始。杜甫诗"男儿生不成名身已老"也是九言诗。李白"黄帝铸鼎于荆山炼丹砂，丹砂成骑龙飞上太清家"十言诗之始。苏东坡"山中故人应有招我归来篇"十一言诗之始。

### 宋词概述

宋词是继唐诗之后的又一种文学体裁，基本分为：婉约派、豪放派两大类。

　　婉约派的代表人物：南唐后主李煜，宋代词人李清照、柳永、秦观等。

　　豪放派的代表人物：苏轼、辛弃疾、岳飞、陈亮等。

　　宋词是中国古代文学皇冠上光辉夺目的一颗巨钻，在古代文学的阆苑里，她是一块芬芳绚丽的园圃。她以姹紫嫣红、千姿百态的丰神，与唐诗争奇，与元曲斗妍，历来与唐诗并称双绝，都代表一代文学之胜。远从《诗经》《楚辞》及《汉魏六朝诗歌》里汲取营养，又为后来的明、清戏剧小说输送了有机成分。直到今天，她仍在陶冶着人们的情操，给我们带来很高的艺术享受。

### 宋词的由来

　　词，诗歌的一种。因是合乐的歌词，故又称曲子词、乐府、乐章、长短句、诗余、琴趣等。始于隋，定型于中晚唐，盛于宋。隋、唐之际，从西域传入的各民族的音乐与中原旧乐渐次融合，并以胡乐为主产生了燕乐。原来整齐的五、七言诗已不适应，于是产生了字句不等、形式更为活泼的词。

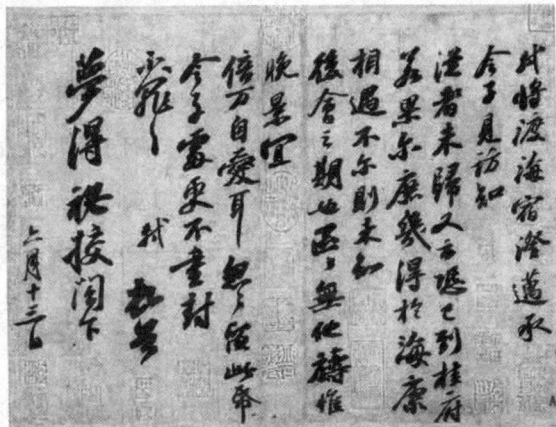

　　词最早起源于民间，后来，文人依照乐谱声律节拍而写新词，叫作"填词"或"依声"。从此，词与音乐分离，形成一种句子长短不齐的格律诗。五、七言诗句匀称对偶，表现出整齐美；而词以长短句为主，呈现出参差美。

　　词有词牌，即曲调。有的词调又因字数或句式的不同有不同的"体"。比较常用的词牌约100个。词的结构分片或阕，不分片的为单调，分二片的为双调，分三片的称三叠。按音乐又有令、引、近、慢之别。"令"一般比较短，早期的文人词多填小令。如《十六字令》《如梦令》《捣练子令》等。"引"和"近"一般比较长，如《江梅引》《阳关引》《祝英台近》《诉衷情近》。

而"慢"又较"引"和"近"更长，盛行于北宋中叶以后，有柳永"始衍慢词"的说法。词牌如《木兰花》《雨霖铃》等。依其字数的多少，又有"小令""中调""长调"之分。据清代毛先舒《填词名解》之说，58 字以内为小令，59～90 字为中调，90 字以外为长调。

**宋词的发展历程**

两宋三百余年的词坛，先后共出现过六代词人群体，宋词的发展历程也相应地经历了六个阶段。

1. 第一代词人群（1017—1067）的因革

第一代词人群，以柳永（987—1053）、范仲淹（989—1052）、张先（990—1078）、晏殊（991—1055）、欧阳修（1007—1072）等为代表。另有宋祁（998—1061）、杜安世等人。他们主要生活在真宗、仁宗两朝的"承平"时代，个体的社会地位都比较显达，除柳永、张先以外，差不多都是台阁重臣，其中晏殊、范仲淹和欧阳修官至宰辅，位极人臣，人生命运相对来说比较顺利适意。其词所反映的主要是"承平"时代的享乐意识和乐极生悲后对人生的反思。

这一代词人，从创作倾向上可分为两个创作阵营：柳永、张先为一阵营，晏殊、欧阳修、范仲淹、宋祁等为一个阵营。

晏、欧诸人，虽然词作并不少，但都不是专力为词的词人，"或一时兴到之作，未为专诣"（冯煦《宋六十家词选例言》），走的是五代花间、南唐词人的老路，继承性大于创造性，连词调、词体的选择和运用都跟五代词人一样，是以小令为主。不过，晏殊和欧阳修等人，在宋词的发展史上，仍然有其创造性的贡献。他们以众多的艺术圆熟、意境浑成的典范之作，强化了温庭筠等花间词人开创、定型的抒情范式，进一步确立了以小令为主的文本体式，以柔情为主的题材取向和以柔软婉丽为美的审美规范。在题材、艺术上也有所开拓创新。如晏殊的《破阵子》（燕子来时新社），将艺术镜头由传统的青楼歌妓、红粉佳人移到了乡村"采桑径里"的女伴，人物形象的描绘生动传神，一洗浓艳的脂粉气，给词坛带来一股自然清新的气息。范仲淹的《渔家傲》（塞下秋来风景异）更将艺术视野延伸向塞外孤城，让"白发将军"和戍边征夫昂首走进词世界，尤其具有开创性。伴随"白发将军"而来的，还有欧阳修笔下"挥毫万字"的"文章太守"（《朝中措》）、"四纪才名天下重"的元老勋臣（《渔家傲》），苏舜卿笔下"壮年憔悴""耻疏闲"的大丈夫（《水调歌头》）等抒情人物形象。这些男子汉、大丈夫形象的出现，动摇了五代以来词世界由红粉佳人一统天下的格局，预示着男性士大夫的抒情形象，已开始进入词世界而欲与红粉佳人平分秋色。

11 世纪上半叶的词坛，是宋词的"因革期"。既有因循传承，又有革新创造。如果说，晏、欧们主要是因循五代花间、南唐词风，因循多于革新，那么，柳永则主要是对五代词风的革命，其革新、创造多于因循。

概括地说，柳永具有"三创"之功。

一是创体。柳永大力创作慢词，扩大了词的体制，增加了词的内容含量，也提高了词的表现能力，从而为宋词的发展提供了最基本的艺术形式与文本规范。如果没有柳永对慢词的探索创造，后来的苏轼和辛弃疾等人或许只能在小令世界中左冲右突而难以创造出辉煌的篇章（苏、辛名作多为慢词）。同时的张先、欧阳修、杜安世、苏舜卿、聂冠卿、沈唐、刘潜、李冠等人也或多或少创作过慢词。他们的推波助澜，也促进了慢词的发展。

二是创意。柳永给词注入了新的情感特质和审美内涵。晚唐五代以来的

文人词，大多是表现普泛化的情感，词中的情感世界是类型化的、"共我"的情感世界，与词人自己的内心世界分离错位，不像诗中的情感世界那样与诗人自我的心灵世界对应统一。其中只有韦庄和李煜的有些词作开始表现自我的人生感受。柳永沿着李煜开启的方向，注意把词的抒情取向转移到自我独特的人生体验上来，表现自我的情感心态、喜怒哀乐。他的"羁旅行役"词，就是倾泻他在仕途上挣扎沉浮的种种苦闷。他的羁旅行役词中的情感世界，是"荡子"柳永自我独特的心灵世界，从而冲破了此前词中普泛化、类型化的情感世界的藩篱，给词的情感增添了个体化、自我化的色彩，使词的抒情取向朝着创作主体的内心世界回归、贴近。此后的苏轼，虽然词风与柳永大相径庭，但在抒情取向上却是沿着柳永开辟的自我化、个体化方向前进的。

三是创法。晚唐五代词，最常见的抒情方法是意象烘托传情法，即运用比兴手段，通过一系列的外在物象来烘托、映衬抒情主人公瞬间性的情思心绪。而柳永则将赋法移植于词，铺叙展衍，或者对人物的情态心理进行直接的刻画；或者对情事发生、发展的场面性、过程性进行层层的描绘，以展现不同时空场景中人物不同的情感心态。因而他的抒情词往往带有一定的叙事性、情节性。从小令到慢词，体制扩大，结构有变。柳永的铺叙衍情法，正适应、满足了慢词体制、结构变化的需要，解决了词的传统抒情方法与新兴体制之间的矛盾，推动了慢词艺术的发展。后代词人，诸如秦观、周邦彦等，多承此法并变化而用之。

张先的年岁与柳永相仿而高寿，他享年八十九岁，创作活动一直延续到第二代词人陆续登上词坛后的神宗熙宁年间（1068—1077），颇受新一代词坛领袖苏轼的敬重。张先创造了不少脍炙人口的抒情写景名句，提高了词的艺术品位。他创作的慢词，数量仅次于柳永，对慢词艺术的发展也起了一定的推进作用。张先词又常用题序，缘题赋词，写眼前景，身边事，具有一定的"纪实性"。词的题材取向开始由远离创作主体的普泛化情事转向贴近于创作主体的日常生活环境，由因情"造境"转向纪实"写境"。从此，词像诗一样也具有表现创作主体自我生活世界和心灵世界的功能。其后苏轼词多用题序，点明词作的时、地、环境和创作动机，就是受到张先的启发和影响。

2. 第二代词人群（1068—1125）的开创

第二代词人群，是以苏轼（1036—1101）、黄庭坚（1045—1105）、晏几道（1038—1110）、秦观（1049—1100）、贺铸（1052—1125）、周邦彦（1055—1121）等为代表的元祐词人群。此外著名的词人还有王安石（1021—1086）、王观（1035—1100）、李之仪（1048—1127）、赵令畤（1051-1134）、晁补之（1053—1100）、陈师道（1063—1101）、毛滂（1064—1121）等。

这代词人的创作历时半个世纪，大致始于 11 世纪 60 年代中期，终于 12 世纪 20 年代初。第一代词人柳永、范仲淹、晏殊等已于 11 世纪 50 年代先后去世，只有张先、欧阳修两位词坛老将活到 70 年代而亲手传下接力棒。第二代词人中，王安石、苏轼的词创作开始于 60 年代。而作为一代词坛领袖的苏轼，其词风直到 70 年代，亦即欧阳修、张先行将退出词坛之际，才走向成熟。其他如黄庭坚、秦观、贺铸等，也是到 70 年代后才崭露头角。故第二代词人的创作年代主要是在神宗、哲宗、徽宗三朝（1068—1125）。

这代词人所处的时代，是政治"变革"的时代，也可以说是政局多变、新旧党争此起彼伏、党派之间相互"倾轧"的时代。神宗朝（1068—1085），新党执政，推行新法，反对变法的旧党人士大多被排斥出朝廷。哲宗元祐年间（1086—1093），高太后垂帘听政，起用旧党人士而力斥新党，属于旧党的苏轼及苏门诸君子纷纷回朝，会师于汴京，诗词酬唱，酒酣耳热，文坛盛况空前。高太后归天后，在哲宗亲政的绍圣、元符（1094—1100）年间，新党卷土重来，并大肆迫害旧党人士。苏轼及其门士都受到残酷打击，贬谪放逐，无一幸免。徽宗即位之初（1100 年），还想调和新旧两党的争斗，但一年之后，新党的投机分子蔡京等执政，又大开杀戒，对旧党实施了更为严酷的打击。政局的动荡变化，直接影响了卷入党争漩涡的词人的命运。苏轼及苏门词人的升沉荣辱紧随着政局的动荡而变化。这一代词人比上一代词人更普遍、更多地体验到命运的坎坷、人生的失意和仕途的蹭蹬，他们都是文坛（词坛）上有盛名而政坛上无高位的失意文士。因而，这个时期的词作主要表现的是

个体生存的忧患和人生失意的苦闷。

从社交群体看，这一代词人大致可划分为两个群体：一是以苏轼为领袖的苏门词人群，黄庭坚、秦观、晁补之、李之仪、赵令畤、陈师道、毛滂等属之。晏几道、贺铸等虽不属苏门，但与苏门过从甚密。二是以周邦彦为领袖的大晟词人群：晁冲之、曹组、万俟咏、田为、徐伸、江汉等属之，他们都曾经在大晟乐府内供职。

就创作时代而言，这两个群体略有先后。大致说来，11世纪下半叶后30余年（神宗、哲宗二朝）的词坛，是苏门的天下，周邦彦虽然在此期也有名作问世，但笼罩在苏门的光环之下而没有放射出耀眼的光芒。苏轼及黄、秦、晁、陈等苏门中坚词人，在12世纪的头几年都先后去世，故12世纪一二十年代（徽宗朝）的词坛，则由周邦彦等大晟词人唱主角，虽然李之仪、赵令畤、毛滂等苏门词人仍继续在创作，但力量和影响都难以与周邦彦等抗衡。

3. 第三代词人群（1110—1162）的新变

第三代词人群，是以叶梦得（1077—1148）、朱敦儒（1081—1159）、李纲（1083—1140）、李清照（1084—1155）、张元幹（1091—1161）等为代表的南渡词人群。其他比较著名的有陈克（1081—1137）、周紫芝（1082—1155）、赵鼎（1085—1147）、向子諲（1085—1152）、李弥逊（1089—1153）、陈与义（1090—1138）、岳飞（1103—1141）等词人。

这代词人主要生活在十二世纪上半叶徽宗、钦宗、高宗三朝（1100—1062）社会由和平转向战乱的时代。由于时代的巨变，他们的创作环境明显地分为两个阶段。他们的前半生，即靖康之难以前，是在徽宗朝（1110—1125）畸形的和平环境中度过，生活比较安定适意，大多数词人是在绮罗丛中吟风弄月，创作上并没有形成自己的个性风格和新的时代特色。而此时周邦彦、贺铸等老词人仍占领着词坛。因此，严格说来，第三代词人此时只是做着创作"前期"的艺术准备。

4. 第四代词人群（1163—1207）的辉煌

第四代词人群，是以辛弃疾（1140—1207）、陆游（1125—1210）、张孝祥（1132—1169）、陈亮（1143—1194）、刘过（1154—1206）和姜夔（1155—1221）等为代表的"中兴词人群"。另有袁去华（生卒年不详）、刘仙伦（约1174—1224）、杨炎正（1145—1216）史达祖（1163—1220）、卢祖皋（约1174—1224）和张辑（生卒年不详）等词人。

这代词人，都是在靖康之难后出生，对国家的苦难、民族的屈辱有着切身的体验和感受。他们生活的时代，主要是在孝宗、光宗二朝，是一个号称"中兴"，给人希望最终又令人失望的时代。孝宗刚登基时（1162年），摆出一副与金人决斗的架势，朝野上下，人心大振，给收复失地、一统河山带来了希望。可不久因战败兵溃，孝宗丧失了收复中原的信心，长期坚持固守讲和的战略。"隆兴和议"之后，宋、金长期处于"冷战"对峙状态，孝宗及其子孙据守着半壁河山，安心做着向金朝屈膝称臣、半是主子半是奴仆的皇帝。然而，时代的要求、民族的愿望是要恢复失地，夺回中原。应运而生的辛弃疾等一代文武通人，期待着横戈跃马，登坛作将，收复中原，一统江山，可希望渐成泡影，理想最终幻灭。一代英雄豪杰只能虚度青春、消磨岁月。南渡以来已经与时代脉搏一起跳动的词作，自然要表现英雄志士们的情怀和个性。因而，此期的词作，主要是表现英雄们的壮怀理想和壮怀成空后的压抑

苦闷。

他们是在南渡词人相继辞世后登上词坛的。他们的创作年代，主要是在十二世纪下半叶。宁宗开禧三年（1207年），词坛主帅辛弃疾含恨去世，标志着这一阶段词史的结束。这个时期的词坛，创作队伍阵营强大，有词集传世的知名词人就有50多位，而且大家辈出，名作纷呈，多元化的艺术风格和审美规范并存共竞，是两宋词史上最辉煌的高峰期。

**现代诗歌主要流派**

现当代诗歌的主要流派：五四诗歌、新月派、现代派、九叶派、朦胧诗、新生代诗歌。

1. 五四诗歌

现代诗歌是"五四"运动以来的诗歌，其主体是用白话写作，以打破旧诗词格律为主要标志的新诗。最早试验并倡导新诗的杂志是《新青年》，1917年2月2卷6号上刊出胡适的白话诗8首，1920年胡适《尝试集》出版，是第一部白话新诗集。代表初期新诗最高成就的是浪漫主义诗人郭沫若，他的《女神》中大部分作品写于1920年前后，传达着五四狂飙突进的时代精神，开一代诗风。

1926年围绕北京《晨报》的《诗镌》，集合了一批立志要为新诗创格律的诗人，其中有闻一多、徐志摩、朱湘等人，他们随后还创办了《新月》和《诗刊》，"新月派"由此得名。新月派诗人中闻一多的理论最为完整明确，他主张诗应当有音乐的美（主要指平仄，音韵），绘画的美（主要指辞藻，色彩与意境等），建筑的美（主要指诗节句式的匀称整饬），总之要"理性节制情感"，带着"镣铐"来"跳舞"，这是对诗人更高的审美要求。

2. 新月派

现代新诗史上一个重要的诗歌流派，该诗派大体上以 1927 年为界分为前、后两个时期。前期自 1926 年春始，以北京的《晨报副刊·诗镌》为阵地，主要成员有闻一多、徐志摩、朱湘、饶孟侃、孙大雨、刘梦苇等。他们不满于"五四"以后"自由诗人"忽视诗艺的作风，提倡新格律诗，主张"理性节制情感"，反对滥情主义和诗的散文化倾向，从理论到实践上对新诗的格律化进行了认真的探索。闻一多在《诗的格律》中提出了著名的"三美"主张，即"音乐美、绘画美、建筑美"。因此新月派又被称为"新格律诗派"。新月派纠正了早期新诗创作过于散文化弱点，也使新诗进入了自觉创造的时期。1927 年春，胡适、徐志摩、闻一多、梁实秋等人创办新月书店，次年又创办《新月》月刊，"新月派"的主要活动转移到上海，这是后期新月派。它以《新月》月刊和 1930 年创刊的《诗刊》季刊为主要阵地，新加入成员有陈梦家、方玮德、卞之琳等。后期新月派提出了"健康""尊严"的原则，坚持的仍是超功利的、自我表现的、贵族化的"纯诗"的立场，讲求"本质的醇正、技巧的周密和格律的谨严"，但诗的艺术表现、抒情方式与现代派趋近。

"三美"中的音乐美是指新月派诗歌每节韵脚都不一样，好像音乐一样。建筑美是指诗歌的格式好像建筑一样。绘画美指的是新月派诗歌的每节都是一个可画出的画面。

3. 现代派

"现代派"诗歌流派，是指 1932 年之后围绕《现代》杂志的一批诗人，包括戴望舒、何其芳、卞之琳、废名，林庚等。何其芳的《预言》等诗华丽、精致。卞之琳的《数行集》《鱼目集》里的作品善于将日常生活的观察转为哲理性的感悟，其圆熟、冷静的表达常常出奇制胜。

20 世纪 30 年代还有另一诗潮是"左联"倡导的革命诗歌运动，以 1932 年成立的中国诗歌会为中坚，特点是密切反映时代变化，抒发革命激情，追

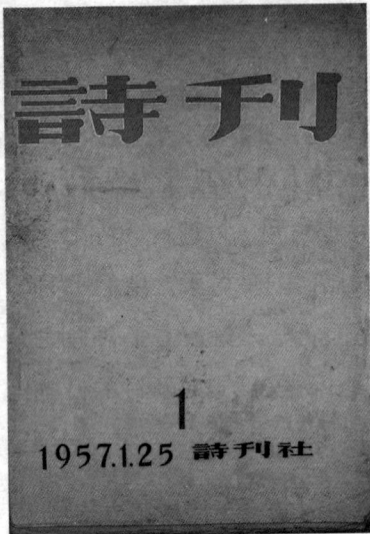

求形式的大众化，通俗化，追求刚健壮阔的力之美。20 世纪 30 年代成名的艾青和臧克家也是贴近现实，有强烈的革命使命感的诗人，他们的创作更能代表这一时期现实主义诗歌的成就。

更能代表抗战时期以及 20 世纪 40 年代新诗发展水平的，是"七月派"和"九叶派"。"七月派"是在艾青影响下，以理论家胡风为中心的作家诗人群，代表人物有绿原、阿垅、曾卓、牛汉等。

### 4. 九叶派

"九叶派"则是 20 世纪 40 年代以《中国新诗》等刊物为中心的另一风格趋向的诗人群（又称"中国新诗派"），代表诗人是辛笛、穆旦、郑敏、杜运燮、陈敬容、杭约赫、唐祈、唐湜、袁可嘉等。20 世纪 80 年代他们 9 人出版有诗歌合集《九叶集》，"九叶派"由此得名。文学史通常认为"九叶诗派"的艺术探求很有价值，拥有一批艺术水准较高的诗人诗作，对新诗的表达方式以及诗学观念都有大的突破。

### 5. 朦胧诗

新时期首先出现的是现实主义诗歌潮流，稍后出现了有关"朦胧诗"的讨论，说明一种新生代的诗歌正在文坛崛起。

"朦胧诗"不仅仅是某个诗人群，或者某类诗作，而是一种带有叛逆性、先锋性的创作潮流。因其作品在艺术上多用总体象征，具有表达的多义性和不确定性，而被称为"朦胧诗"。如北岛、舒婷、顾城、江河、杨炼等是"朦胧诗"的代表作者。

### 6. 新生代

几乎和"朦胧诗"群体同出于 20 世纪 80 年代初期，而在 20 世纪 90 年代终于成为主潮的"新生代"，是比较庞杂的诗人群。其中影响较大的有海子、王家新等为代表的所谓"后朦胧"诗人，此外，还有韩东、于坚等为代表的"第三代"诗人。他们的特点表现为注重日常生活的审美，价值观念上的反崇高，反英雄，艺术上则反优雅，反意象，有意用原生态的口语入诗。

# 赋

### 概述

赋，中国古典文学的一种重要文体，虽然对于现代人来说，远不及诗词、散文、小说那样脍炙人口。但在古代，特别在汉、唐时诗与赋往往并举连称，从曹丕的"诗赋欲丽"和陆机的"诗缘情而绮靡，赋体物而浏亮"可窥端倪。

那么，何为赋呢？赋萌生于战国，兴盛于汉、唐，衰于宋、元、明、清。在汉、唐时期，有只作赋而不写诗的文人，却几乎没有只作诗而不写赋的才子。建安以后乃至整个六朝时期，对赋的推崇甚至于诗。《史记》中称屈原的作品为赋，《汉书》也称屈原等人的作品为赋。后人因推尊《史》《汉》，所以便把屈原等人作品称之为赋。

赋是介于诗、文之间的边缘文体。在两者之间，赋又更近于诗体。从汉至唐初这段时期，赋近于诗而远于文，从主题上看，楚辞体作品主题较为单一，多为"悲士不遇"。而其形式也比较固定，都是仿效屈原作品体式，像屈原那样书写自己的不幸与愁思。屈原的《招魂》全篇的铺张夸饰，对汉大赋的影响不言而喻。赋自诞生之日便带有浓厚的文人气息，这就是受楚辞影响极深的原因。骚体赋，多采用楚辞的"香草美人"的比兴手法，也常继用了

楚辞的"引类譬喻"手法。

**赋的体式**

汉赋的体式上大致有三种，即骚体赋、四言诗体赋和散体赋（或称大赋）。从赋的结构、语言方面看，散体、七体、设论体及唐代文体赋又都比较接近于散文，有的完全可归于散文的范畴。赋的似诗似文的特征，与现代文学中的散文诗有些相像。它主要有三个特点：一是语句上以四、六字句为主，并追求骈偶；二是语音上要求声律谐协；三是文辞上讲究藻饰和用典。排偶和藻饰是汉赋的一大特征。经历长期的演变过程，发展到中唐，在古文运动的影响下，又出现了散文化的趋势，不讲骈偶、音律，句式参差，押韵也比较自由形成散文式的清新流畅的气势，叫作"文赋"。

骈文受赋的影响很大，骈比起于东汉，成熟于南北朝。在文章中广泛用赋的骈比形式，是汉代文人的常习。以至于有些以赋名篇的文章都被人视作骈文。如南朝刘宋的鲍照的《芜城赋》、谢惠连的《雪赋》及谢庄的《月赋》等。

赋，是由楚辞衍化出来的，也继承了《诗经》讽刺的传统。关于诗和赋的区别，晋代文学家陆机在《文赋》里曾说：

诗缘情而绮靡，赋体物而浏亮。

也就是说，诗是用来抒发主观感情的，要写得华丽而细腻；赋是用来描绘客观事物的，要写得爽朗而通畅。陆机是晋代人，他的话说出了晋代以前的诗和赋的主要特点，但不能作机械的理解，诗也要描写事物，赋也有抒发感情的成分，特别是到南北朝时期，抒情小赋得到了迅速的发展，赋从内容到形式都起了变化。

赋，除了它的源头楚辞阶段外，经历了汉赋、骈赋、律赋、文赋几个阶段。司马相如、杨雄、班固、张衡四人被后世誉为汉赋四大家。

# 散 文

### 散文的概述和发展

殷商时代有了文字，也就有了记史的散文。到了周朝，各诸侯国的史官进一步以朴素的语言、简洁的文字记录了列国间的史实，如《春秋》。以后，随着时代的需求，产生了描述现实的历史文学，这就有了《左传》《国语》《战国策》等历史著作。

《左传》是《春秋左氏传》的简称，又名《左氏春秋》，相传是春秋末年鲁国的史官左丘明所著，共18万字，记载了春秋240年间列国的政治、军事、外交活动和言论以及天道、鬼神、灾祥、占卜之事。这部书叙事富于戏剧性，情节紧凑，战事描写尤为出色，语言精练、富于形象。

《国语》是一部国别史，分别记载了周王朝及诸侯各国（公元前11世纪—前771）之事，记言多于记事，所记大多为当时较有远见的开明贵族的话。

《战国策》的作者不可考，现在所用的版本为西汉刘向辑成。它同《国语》一样，也是分国记事，记载了西、东周及秦、齐、楚、赵等诸国之事，记载内容是谋臣策士的种种活动及辞说。《战国策》文章的特点是长于说事，善用比喻，人物形象塑造极为生动。

先秦历史散文为中国的历史文学奠定了基础，对后世的历史学家和古文学家都产生了极为深远的影响。

春秋战国之交是社会大变革的时代，各种学术流派纷纷著书立说，争论不休，形成百家争鸣的局面。代表不同阶级或阶层的思想家的著作，促进了说理散文的发展。这些思想家有儒家、墨家、道家、法家等。记载他们言论的书流传到现在的有《论语》《孟子》《墨子》《庄子》《韩非子》等。

《论语》和《孟子》是儒家诠释"仁"的著作。《论语》是记录孔丘及其弟子言行的，其中多半是简短的谈话和问答。《孟子》是记载孟轲言论的。孟轲长于辩论，因此书中语言明快，富于鼓动性。

《墨子》代表墨翟"兼爱"的主张，语言朴素，说理明确，逻辑性很强，《兼爱》《非攻》等篇极有代表性。

《庄子》代表道家庄周"无为而治"的主张。庄子散文在诸子中独具魅力。这表现在作者具有奇幻的想象力和敏锐的观察力，善用民间寓言，长于譬喻，使文章富于文学趣味。

《韩非子》代表法家"因时制宜"的主张。韩非散文结构严谨，锋芒锐利，说理深刻。

《荀子》代表荀况的学说，现有 32 篇，多长篇。荀子散文特点：论点明确、层次清楚、句法洗练、词汇丰富。

《吕氏春秋》是秦丞相吕不韦门客的集体创作。它包括八览、六论、十二纪，兼有儒、道、墨、法、农诸家学说。书中保留了大量先秦时代的文献和佚事。它是一种系统化的、集合许多单篇的说理文，层层深入，最见条理。和诸子散文一样，它往往以寓言故事为譬喻，因而文章富于形象性。

先秦诸子的说理散文无论在思想上，还是在艺术风格上，都对后世散文的发展产生了显而易见的影响。

汉初，政论散文有所发展。贾谊（公元前 200—前 168）是西汉初年杰出的文学家，他的文章《过秦论》总结了秦代灭亡的原因，汲取了秦末农民起义的教训，发展了先秦的民本思想。他的散文善用比喻，语言富于形象性。

除贾谊外，汉初还有不少散文家，他们的文章大多或论秦之得失，或针对时弊，提出自己的主张，其中以晁错和邹阳成就较高。晁错以主张募民备塞的《守边劝农疏》《论贵粟疏》两篇散文最为著名。

汉武帝时，"罢黜百家，独尊儒术"，封建王朝迫切需求总结古代文化，给予大一统的统治局面以哲学和历史的解释，司马迁的《史记》应运而生。它的出现将先秦历史散文又大大向前发展了一步。在《史记》的影响下，东汉产生了不少历史散文著作，班固的《汉书》便是其中的杰出代表。

魏晋南北朝时期，骈文盛行，散文衰落。但在郦道元的《水经注》和杨衡之的《洛阳伽蓝记》等学术著作中仍有一些质朴的叙事、抒情、写景的优美文字。

唐朝韩愈大力反对浮华的骈俪文，提倡作古文，一时从者甚众，后又得柳宗元大力支持，古文创作业绩大增，影响更大，成为文坛的主要风尚，文学史上称其为古文运动。以韩、柳为首的古文运动的胜利，树立了一种摆脱陈言俗套，自由抒写的新文风，大大提高了散文的抒情、叙事、议论、讽刺的艺术功能。

中唐以后，古文运动一度衰落，到了宋代，欧阳修再一次掀起了古文运动，此后的王安石、曾巩、苏轼、苏洵、苏辙等人都在古文革新运动的影响之下取得了各自的成就，后人将他们与唐代韩愈、柳宗元合称为"唐宋八大家"。

北宋的历史文学家司马光编有一部历史巨著《资治通鉴》，它除具有史学价值外，还非常具有文学价值。

南宋散文家在北宋诸位大家的影响下，产生了一部分上书言事的政论文，表现了作者鲜明的政治态度，胡铨、陈亮、叶适是这方面的代表作家。古文运动的成功，使散文更切合实用，南宋时大量出现的笔记杂文便是一个明证。洪迈的《容斋随笔》、王明清的《挥尘录》是笔记杂文中的佳作。此外，朱熹（1130—1200）的古文长于说理，在这方面的造诣很高。

明初的宋濂（1310—1381）是"开国文臣之首"，他的一部分传记文很有现实意义，比较著名的作品有《秦士录》《王冕传》《李疑传》等。明中叶以后，针对程朱理学、八股文的束缚，以李梦阳、何景明为首的前七子发起"复古运动"，倡导文必秦、汉。他们在对扫荡八股文风起到一定积极作用的同时，又走上了盲目模拟古人的路子。后来的李攀龙、王世贞为代表的"后七子"复古运动，也再一次重复了他们的错误。

归有光等"唐宋派"首先起来反对复古派，进而是万历年间的公安派也加入猛烈抨击拟古主义的队伍。

公安派以袁宗道、袁宏道、袁中道为代表，时称"三袁"，袁宏道（1568—1610）最为著名。他们认为不同的时代有不同的文学，因此反对贵古贱今，模拟古人。袁宏道更出于作家的主观要求提出了"性灵说"。公安派的散文创作特点是：冲破传统古文的陈规旧律，自然流露个性，语言不事雕琢。

与公安派存在的同时还有以钟惺、谭元春为代表的竟陵派，他们也主张独抒性灵。

公安派与竟陵派革新的直接产物是晚明大量出现的小品散文，这是传统散文的一个发展，张岱（1597—?）是小品散文作者中比较有成就的一位。他的小品散文题材较广，山水名胜、风俗世情、戏曲技艺乃至古董玩具等都可以入他的文。他的散文语言清新活泼，形象生动，广览简取，《西湖七月半》《湖心亭看雪》是他的代表作。

明末清初，晚节不保的侯方域（1618—1654）的散文取得了较高的艺术成就，代表作有《李姬传》《马伶传》《任源邃传》等。

桐城派古文是清中叶最著名的一个流派，主要作家方苞、姚鼐都是安徽桐城人，桐城派因此而得名。方苞（1668—1749）继承归有光的传统，提出"义法"主张，并使之成为桐城派古文的基本理论。桐城派古文作品选材用语只重阐明立意，而不期堆砌材料，因而文章一般简洁自然，但缺乏生气，代表作品有方苞的《狱中杂记》《左忠毅公逸事》，姚鼐的《登泰山记》等。

与桐城派对立存在的是提倡"骈文"的复社作家，汪中（1744—1794）是其中成就最大者。

清初有不少成绩突出的散文家，如王猷定、魏禧。王猷定（1599—约1661）的传奇性散文以小说传奇体打破了传统古文写法，代表作有《李一足传》《汤琵琶记》《义虎记》等。魏禧（1624—1680）以人物传记最为突出，代表作是《大铁椎传》。

康有为（1858—1927）、梁启超（1873—1929）为清末改良运动的代表人物，也是学术上改良派的代表作家。他们的散文无视传统古文的程序，直抒己见，畅所欲言，是政治斗争的有效工具。梁启超的新体散文更是对一切传统古文的猛烈冲击，为晚清的文体解放和"五四"的白话文运动开辟了道路，梁启超的《少年中国说》即是这样一篇典型的作品。

伴随着对封建主义文学和文言文的批判，最早的一批现代新文学作品诞生了，议论性散文便是其中之一，它是现代散文的源头。

新文学诞生的初期，在报纸杂志上发表议论散文影响最大的有陈独秀、李大钊、鲁迅、周作人、钱玄同、刘半农等。他们的作品以随感录为主要形式，内容包罗广泛，重点在思想革命和文学革命上。鲁迅是写作议论散文成就最高的作家。

诞生期的议论性散文担任了反封建的先锋，它所议论的对象紧贴生活，具体而且细微；它的形式自由，可长可短；它的语言可刚烈悲壮，也可幽默讽喻。议论散文之后，记叙性散文、小品文也相继问世，现代散文进入蓬勃发展阶段。

发展期的散文风格各异、样式不一，呈现一派繁荣景象。就形式而言，有记叙、写景、抒怀、言志、评述；风格上形成了鲁迅的峻冷峭拔，周作人的平和冲淡，朱自清、冰心等的清新雅致，郭沫若、郁达夫等人的豪迈挥洒，叶圣陶、许地山的朴素平直，徐志摩的浓艳绚丽等。

"语丝社"的周作人是小品文的开拓者之一，代表作《故乡的野菜》《乌篷船》《菱角》《夏之梦》等多以小题材为描述对象，笔调从容、闲逸，于趣味性、知识性中潜移默化地培育着对生活的热爱。他的议论性散文在当时也占有重要地位。与周作人艺术风格相近的是同为语丝社的林语堂。他的代表作《翦拂集》着力讽刺时弊，批判传统的中庸哲学，强调与旧世界的斗争。俞平伯的《杂拌儿》《燕知草》等也带有与周作人类似的雅致，但同时又多了些晦涩的味道。

郭沫若与郁达夫同属奔放潇洒一派。郭沫若的散文诗集《小品六章》文笔精美，语言雕饰，设景味道深长；郁达夫的游记散文中《屐痕处处》和《钓台的春昼》是代表他风格的作品，尤其是后一篇，写出了富春江秀丽的景色，于凭古怀悼之间，抒发了对现实的愤懑之情。

何其芳的抒情散文在 20 世纪 30 年代别有风姿，被称为"诗人的散文"。作为现代派诗人，他将现代派的一些方法渗入散文创作，以达抒写情感之目的，代表作为《画梦录》。何其芳散文的语言同他的诗一样，精雕细琢，有很强的可感性。

记叙性散文中，李广田（1906—1968）记人的篇章很有代表性。他笔下的人物描写没有故事情节，只截取一些生活片断，加以抒情的寥寥几笔，以达传神之效。

抗战爆发，尤其是皖南事变之后，富有战斗性的杂文发出时代的最强音。郭沫若的《新缪斯九神礼赞》《斥反动文艺》等文成为国统区思想战线、文化战线的重要文献；闻一多《最后一次的讲演》表现了一个坚强的民主战士面对手枪的英勇气概；冯雪峰的杂文侧重于人的心灵剖析，表现出较强的理论力量；聂绀弩（1900—1986）的杂文在艺术上作出了许多有益的探索，他善用令人兴趣盎然的古代故事巧妙抨击现实。此外，丰子恺（1898—1975）、林默涵（1913—2008）等许多作家也都写了大量杂文。

记叙与抒情相结合的散文在国统区成绩突出。茅盾的《白杨礼赞》《风景谈》，巴金的《废园外》《灯》《龙》都是名篇，沈从文的《湘西散记》是记叙自然与人文状况的美文。

新中国成立初期，作家和战斗在各条战线上的业余作者们，运用散文自觉地高唱反映新时代、新人物、新事物、新风貌的赞歌。因为作者队伍庞大，所以反映的生活面达到了从未有过的宽广程度。作品所呈现出的风格也是多种多样的，如巴金的热烈凝重，冰心的细腻柔婉，靳以的热情澎湃，刘白羽的激越高亢，华山的幽默气派，风格虽各不相同，但他们都以真实淳朴的感

鼓吹续集

茅盾

鼓吹集

作家出版社

情涂抹着新生活的绚丽色彩。

这时期散文创作一大特色是，抗美援朝和社会主义经济建设两项内容交相辉映。抗美援朝题材的作品影响较大的是：刘白羽的《朝鲜在战斗中前进》，靳以的《祖国我的母亲》，菡子的《和平博物馆》，巴金的《生活在英雄们中间》等；写社会主义经济建设的名篇有：柳青的《1955年在皇甫村》，秦兆阳的《王永淮》，沙汀的《卢家秀》，靳以的《到佛子岭去》，华山的《童话的时代》，李若冰的《在柴达木盆地》，臧克家的《毛主席向着黄河笑》，杨朔的《石油城》等。

形式多样也是本时期散文创作的收获之一。游记、小品、随笔和杂文都不同程度地发挥了它们在新时代的作用，不少作品受到读者的欢迎。游记有贺敬之的《重回延安母亲的怀抱》，方纪的《歌声与笛声》，杨朔的《香山红叶》，碧野的《天山景物记》，叶圣陶的《游了三个湖》，茅盾的《斯德哥尔摩杂记》，峻青的《欧行书简》等；随笔有菡子的《小牛秧子》，何为的《两姊妹》；杂文有茅盾的《剥落蒙面强盗们的嘴脸》，巴金的《况钟的笔》，任晦的《"废名论"存疑》以及马铁丁的《思想杂谈》等。

虽然本时期散文创作收获丰厚，但从整个文学领域来看，散文相比其他文学体裁受重视不够，尤其杂文显得更为薄弱。另外，有时由于受到不正常政治生活的影响，整个文艺界普遍存在着不敢大胆揭露现实矛盾冲突的现象，散文创作也不例外。

这一时期的散文园地进入成熟的收获期，冰心、巴金、叶圣陶等老作家以孜孜不倦的求索精神达到了炉火纯青的艺术境界。更为可喜的是，以杨朔、刘白羽和秦牧为代表的中青年散文家日渐成熟，形成了各自的艺术风格。杨朔的散文似轻风抚柳般清新优美、婉转动人，刘白羽散文如同熔岩爆发般恣肆汪洋、炽热如火，秦牧的散文则将知识性、趣味性融合起来，如数家常、娓娓道来。其他的散文家也各具特色，个性鲜明，如碧野的明艳动人，陈残云的轻盈秀丽，邓拓的深刻犀利，吴伯箫的简练真诚，曹靖华的平易朴素，峻青的高远深阔，李若冰的豪迈冷峻，陶铸的坦率峭拔，菡子的温婉细腻，宗璞的娟雅清秀……家家都亮出了写作散文的真功夫。

新时期的散文，如同一只报春的燕子，灵巧、敏捷地最先带着时代的气息飞进人们的心里。改革开放后，全社会沸腾的生活首先在散文中得以体现。此外，反映生活各方面，如回顾个人经历和情怀、揭示生活哲理的散文亦重展笑颜，绽放光彩。这类作品中的优秀之作有丁玲的记叙与丈夫的牛棚生活的《牛棚小品》，严阵追忆女教授高风亮节的《水仙》，张抗抗的歌颂群众中蕴藉的无穷力量的《地下森林断想》，管桦和丁玲托物言志，寄托气节与向往的《竹》和《仙女开花》等。

游记散文也日渐繁荣，它们大多继承古典散文中寄情于景的传统手法，于一山一水中寄托自己的情怀。这当中，国际题材的作品风采独具，丁玲的《我看到的美国》，萧乾的《美国之行》，王蒙的《德美两国纪行》，穆青的《在斜塔下》，刘白羽的《一曲清清塞纳河》，韦君宜的《故国情》等都是鼎力之作。

进入世纪之交与新世纪之后，散文也出现了多样化、多极化的趋势，余秋雨的大文化散文，林非、刘亮程、王充闾、王剑冰、周涛等人的散文，从历史入手，开始了时代与文化的反思。为民族、为思想添上浓墨重彩的一笔。

青春派散文家接过老一辈人的散文创作风骨，以 80 后作家为例，韩寒的随笔散文才华横溢、性格张扬，施晗的纪实散文情真意切、挥洒自如，而刘卫东的历史散文又是天马行空、别有特色，此外，春树、张锐然、胡坚等人的散文均表现出了自己不凡的气质和追求。

### 散文的古今概况

**古代散文**：我国古代，为区别于韵文、骈文，凡不押韵、不重排偶的散体文章，包括经、传、史书在内，一律称之为散文。

我国古代散文的发展历程。

**先秦散文**：包括诸子散文和历史散文。诸子散文以论说为主，如《论语》《孟子》《庄子》；历史散文是以历史题材为主的散文，凡记述历史事件、历史人物的文章和书籍都是历史散文，如《左传》。

**两汉散文**：西汉时期的司马迁的《史记》把传记散文推到了前所未有的高峰。东汉以后，开始出现了书、记、碑、铭、论、序等个体单篇散文形式。

**唐、宋散文**：在古文运动的推动下，散文的写法日益繁复，出现了文学散文，产生了不少优秀的山水游记、寓言、传记、杂文等作品，著名的"唐宋八大家"也在此时涌现。

**明代散文**：先有"七子"以拟古为主，后有唐、宋派主张作品"皆自胸中流出"，较为有名的是归有光。

**清代散文**：以桐城派为代表的清代散文，注重"义理"的体现。桐城派的代表作家姚鼐对我国古代散文文体加以总结，分为13类，包括论辩、序跋、奏议、书说、赠序、诏令、传状、碑志、杂说、箴铭、颂赞、辞赋、哀奠。

**现代散文**：指与诗歌、小说、戏剧并称的文学样式。特点是通过对现实生活中某些片断或生活事件的描述，表达作者的观点、感情，并揭示其社会意义，它可以在真人真事的基础上加工创造；不一定具有完整的故事情节和人物形象，而是着重于表现作者对生活的感受，具有选材、构思的灵活性和较强的抒情性，散文中的"我"通常是作者自己；语言不受韵律的限制，表达方式多样，可将叙述、议论、抒情、描写融为一体，也可以有所侧重；根据内容和主题的需要，可以像小说那样，通过对典型性的细节和生活片段，做形象描写、心理刻画、环境渲染、气氛烘托等，也可像诗歌那样运用象征等艺术手法，创设一定的艺术意境。散文的表现形式多种多样，杂文、短评、小品、随笔、速写、特写、游记、通讯、书信、日记、回忆录等都属于散文。总之，散文篇幅短小、形式自由、取材广泛、写法灵活、语言优美，能比较迅速地反映生活，深受人们喜爱。

# 戏 曲

### 元曲概述

一般来说，杂剧和散曲合称为元曲，是元代文学主体。不过，元杂剧的成就和影响远远超过散曲，因此也有人以"元曲"单只杂剧，元曲也即"元代戏曲"。元曲是中华民族灿烂文化宝库中的一朵奇葩，它在思想内容和艺术成就上都体现了独有的特色，和唐诗、宋词鼎足并举，成为我国文学史上第三座重要的里程碑。

元曲原本来自所谓的"蕃曲""胡乐"，首先在民间流传，被称为"街市小令"或"村坊小调"。

随着元灭宋入主中原，它先后在大都（今北京）和临安（今杭州）为中心的南北广袤地区流传开来。元曲有严密的格律定式，每一曲牌的句式、字数、平仄等都有固定的格式要求。但虽有定格，又并不死板，允许在定格中加衬字，部分曲牌还可增句，押韵上允许平仄通押，与律诗绝句和宋词相比，有较大的灵活性。所以读者可发现，同一首"曲牌"的两首有时字数不一样，就是这个缘故（同一曲牌中，字数最少的一首为标准定格）。

元曲将传统诗词、民歌和方言俗语揉为一体，形成了诙谐、洒脱、率真的艺术风格，对词体的创新和发展产生极为重要的影响。

继唐诗、宋词之后蔚为一文学之盛的元曲有着它独特的魅力：一方面，元曲继承了诗词的清丽婉转；一方面，元代社会使读书人位于"八娼九儒十丐"的地位，政治专权，社会黑暗，因而使元曲放射出极为夺目的战斗光彩，透出反抗的情绪；锋芒直指社会弊端，直斥"不读书最高，不识字最好，不

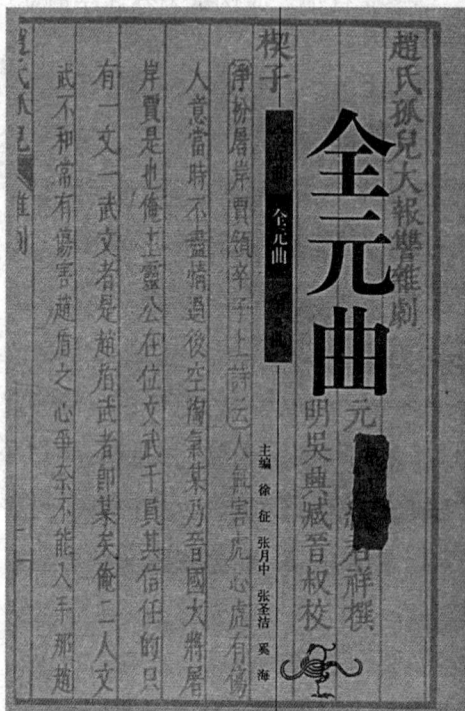

晓事倒有人夸俏”的社会，直指“人皆嫌命窘，谁不见钱亲”的世风。元曲中描写爱情的作品也比历代诗词来得泼辣，大胆。这些均足以使元曲永葆其艺术魅力。

元曲有杂剧、散曲之分。散曲又有套数、小令、带过曲之别。

我国古代音乐把调节器式叫保重宫调。曲的宫调出于隋、唐燕乐，以琵琶四弦定为宫、商、角、羽四声，每弦上构成七调，宫声的七调叫“宫”，其他的都称调，共得二十八宫调。但在元曲中常用的，只有仙吕宫、中吕宫、南吕宫、黄钟宫、正宫、大石调、小石调、般涉调、商调、商角调、双调、越调十二种。每一种宫调均有其音律风格，故对于调子的选择，往往有一定的习惯。如王骥德在《曲律》中说：“用宫调须称事之悲欢苦乐，如游赏则用仙吕、双调等类；哀怨则有商调、越调等类。以调合情，容易感人。”每一种宫调都有不同曲牌。套数则由两支以上周一宫调的不同曲牌而成。

近代著名学者王国维把元曲与“楚之骚、汉之赋、六朝之骈语，唐之诗、宋之词”并列，称之为“一代之文学”。

# 小 说

## 小说起源

"小说"一词最早见于《庄子·外物》："夫揭竿累,趣灌渎,守鲵鲋,其于得大鱼难矣;饰小说以干县令,其于大达亦远矣。""县"乃古"悬"字,高也;"令",美也,"干",追求。是说举着细小的钓竿钓绳,奔走于灌溉用的沟碟之间,只能钓到泥鳅之类的小鱼,而想获得大鱼可就难了。靠修饰琐屑的言论以求高名美誉,那和玄妙的大道相比,可就差得远了。春秋战国时,学派林立,百家争鸣,许多学人策士为说服王侯接受其思想学说,往往设譬取喻,征引史事,巧借神话,多用寓言,以便修饰言说以增强文章效果。庄子认为此皆微不足道,故谓之"小说",即"琐屑之言,非道术所在""浅识小道",也就是琐屑浅薄的言论与小道理之意,正是小说之为小说的本来含义。

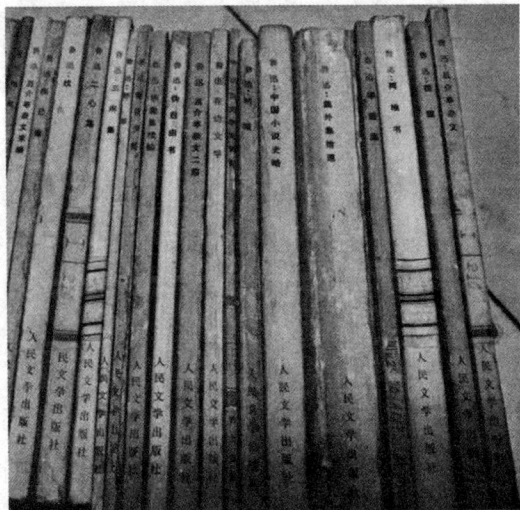

东汉桓谭在其所著的《新论》中,对小说如是说:"若其小说家,合丛残小语,近取譬论,以作短书,治身理家,有可观之辞。"认为小说仍然是"治身理家"的短书,而不是为政化民的"大道"。

东汉班固编著了我国第一部纪传体断代史《汉书》,在《汉书·艺文志》中写道:"小说家者流,盖出于稗官。街谈巷语,道听途说者之所造也。孔子曰:'虽小道,必有可观者焉,致远恐泥,是以君子弗为也。'然亦弗灭也。闾里小知者之所及,亦使缀而不忘。如或一言可采,此亦刍荛狂夫之议也。"

143

这是史家和目录学家对小说所作的具有权威性的解释和评价。班固认为小说是"街谈巷语、道听涂（同'途'）说者之所造也"，虽然认为小说仍然是小知、小道，但从另一角度触及小说讲求虚构，植根于生活的特点。

清末民初，维新派梁启超等大力倡导"小说界革命"，小说理论面目一新。小说地位空前提高，乃至被奉为"国民之魂""正史之根""文学之最上乘"，再不是无足轻重的"街谈巷语""琐屑之言"。

### 小说的分类

**按篇幅分**：长篇小说（深刻广泛地反映社会生活）、中篇小说（展示人生长河中的一个片断）、短篇小说（截取一个生活片断，以小见大）和小小说（也叫微型小说，聚集生活的一个小"镜头"，见微知著）。

**按题材分**：历史小说、现代小说、科幻小说、推理小说、神魔小说、言情小说、侦探小说、武侠小说等。

**按体制分**：章回体小说、日记体小说、书信体小说、自传体小说。

**按表现手法分**：现实主义小说、浪漫主义小说、革命现实主义小说。

**按语言形式分**：文言小说、白话小说。

### 小说的发展

我国古代的小说萌芽于先秦，发展于两汉、魏、晋、南北朝，当时被称为笔记小说，主要有志人小说和志怪小说两种。唐代是小说的成熟期，当时的小说被称作传奇，宋、金时期流行话本小说。元末与明清时期小说发展至高峰，出现了长篇白话小说。我国的小说到现在已经是非常的辉煌灿烂，但是今天的我们有没有试着去寻找中国小说的根源和发展过程呢？在这里就让我们去追溯历史，去寻找中国小说的根源。中国的小说有很多起源，中国最初的著作是：寓言，史传，诸子散文等。我们从中就可以看出，我国的很多小说就是从神化传说开始的，神话就是把神人化，传说就是把人神话。但这两者之间的界限很难区分。到了魏、晋、南北朝出现了志怪，志人小说。这是鲁迅在《中国小说史略》中提到过的名字，但不论是神化或是志怪或是志

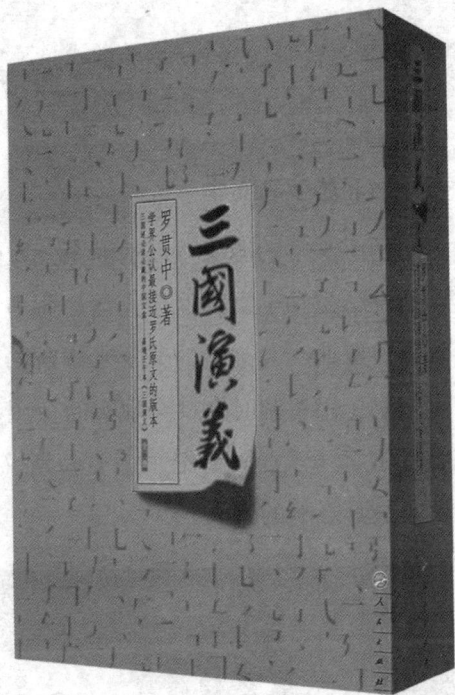

人，都是用史记的方式流传下来的。比如《穆天字传》就是个神话，可史书却把他归为帝王起居一类；《山海经》也是神话传说，《汉书》却把它归为"地理志"。但不管如何，它却是中国小说的最初形式。到了后来，慢慢出现了诗、文、赋。我国的文化出现了很多新的东西，标志性的是陈鸿写的《长恨歌传》和白行简写的《李娃传》，它们的出现意味着中国的小说不再是历史性的东西了。慢慢地一些传奇就开始出现，传奇最盛行的是唐朝，但唐朝却不是小说的发展的顶峰。到了宋朝，传奇就没落了，到了宋后，随之而来的是根据传奇改写的话本。但话本只是跳台，在这个跳台的帮助下出现了类似近代小说的小说，如同《三国演义》《水浒传》《西游记》等大部分都是文人根据民间的话本改写的。它都是经过说书艺术的千锤百炼才生产出来的。从这里再发展，文人们再也拿不出民间的东西来加工了，从而出现了《金瓶梅》，它是第一部写民间人物生活的书，在小说的发展史上它起着决定性的作用。在《金瓶梅》开辟的道路上很快的达到了中国小说的最顶峰——《红楼梦》出现了，它意味着中国小说走向了成熟。中国小说的发展基本就是这样，但是在这里还要提一点，就是关于小说诗化，我觉得小说诗化也是小说发展的关键，而在这个关键起决定性作用的是《红楼梦》，从《金瓶梅》到《红楼梦》在小说诗化的方面讲，可以上说是一个飞跃，这就如同西方的《十日谈》到后来的《堂·吉诃德》一样。小说诗化，也是以后小说发展的一个重要方向，所以我认为，中国小说要是从长远来讲还是要往小说诗化方面靠。

# 西 方 文 学

## 古希腊罗马文学

西方文学的源头可以追溯至公元前 12 世纪到公元前 2 世纪的古希腊文学。希腊神话生动丰富，保存完整。荷马史诗气势磅礴，是史前社会的宝贵文献。埃斯库罗斯（《被缚的普罗米修斯》）、欧里庇得斯（《美狄亚》）的命运悲剧是奴隶主民主制时期社会现实的写照。古罗马文学继承了古希腊文学的传统，维吉尔（《埃涅阿斯纪》）、贺拉斯（《诗艺》）和奥维德（《变形记》）是古罗马最具影响的诗人。

## 中世纪文学

欧洲中世纪文学主要由教会文学、骑士文学、英雄史诗和城市文学构成。骑士文学反映了骑士阶层的荣誉观和爱情观。《罗兰之歌》是中世纪英雄史诗的代表。《列那狐的故事》表现了市民阶层的思想情绪。但丁是中世纪最卓越的诗人，《神曲》用梦幻故事的形式探索民族复兴之路。

## 人文主义文学

人文主义文学出现在公元 14—16 世纪的欧洲。意大利作家彼得拉克（《歌集》）和薄伽丘（《十日谈》）是其先驱。法国作家拉伯雷的长篇小说《巨人传》表现出反经院主义思想。西班牙作家塞万提斯的长篇小说《堂·吉诃德》塑造了一个既耽于骑士幻想又体现人文主义精神的复杂形象。英国作家莎士比亚在历史剧、喜剧和悲剧创作中均有很高的成就。悲剧《哈姆雷特》体现了理想与现实的矛盾，剧情生动、背景广阔、形象鲜明。

### 古典文学

17世纪欧洲文学的最高成就是古典主义文学。法国作家高乃依（《熙德》）和拉辛（《安德洛玛克》）的悲剧均有拥护王权和崇尚理性的特征，符合"三一律"规范。莫里哀的喜剧《伪君子》对宗教骗子达尔杜弗的鞭挞，体现了这位作家的民主倾向。英国诗人弥尔顿以长诗《失乐园》等作品，表现了资产阶级清教徒的革命理想和英雄气概。

### 启蒙文学

18世纪的启蒙文学是启蒙运动的重要组成部分。英国现实主义小说家笛福的《鲁滨孙漂流记》塑造了"真正资产者"的形象，菲尔丁的《汤姆·琼斯》在近代长篇小说发展史上占有地位。法国启蒙文学的重要作家有：小说家孟德斯鸠（《波斯人信札》）、伏尔泰（《老实人》），剧作家博马舍（《费加罗的婚姻》）等。

### 浪漫主义文学

18世纪末19世纪前期，浪漫主义文学席卷欧美。德国出现过耶拿派和海德堡派。英国出现过湖畔派诗人华兹华斯等。拜伦（《恰尔德·哈罗尔德游记》）和雪莱（《解放了的普罗米修斯》）的创作代表了英国浪漫主义诗歌的最高成就。雨果的小说《巴黎圣母院》和《悲惨世界》体现了他的人道主义思想。法国有影响的浪漫主义作家还有夏多布里昂、大仲马等。惠特曼（《草叶集》）和霍桑（《红字》）是美国最有影响的浪漫主义诗人和小说家。意大利的曼佐尼、波兰的密茨凯维奇和匈牙利的裴多菲也是这一时期的著名作家。

### 批判现实主义文学

19世纪30年代开始，批判现实主义文学成为欧美文学的主潮。法国作家

斯丹达尔的小说《红与黑》是其奠基作。法国现实主义大师巴尔扎克的巨著《人间喜剧》堪称巴黎上流社会的编年史。英国作家狄更斯的长篇小说《双城记》体现了他的人道主义思想,哈代的长篇小说《德伯家的苔丝》反映了他的命运观。俄国作家果戈理(《死魂灵》)以辛辣的讽刺鞭挞专制农奴制度。列夫·托尔斯泰(《战争与和平》)以恢弘的气势探索俄国社会的出路。这一时期重要的现实主义作家还有:美国小说家马克·吐温(《哈克贝里·费恩历险记》)、德国诗人海涅(《德国——一个冬天的童话》)、挪威剧作家易卜生(《玩偶之家》)。

# 音　乐

## 音 乐 概 述

广义地讲，音乐就是任何一种用艺术的、令人愉快的、神圣的或其他什么方式排列起来的声音。所谓的音乐的定义仍存在着激烈的争议，但通常可以解释为一系列对于有声、无声具有时间性的组织，并含有不同音阶的节奏、旋律及和声。

《词典》上的定义是，用有组织的乐音来表达人们思想感情、反映现实生活的一种艺术。分为声乐和器乐两大部门。

在所有的艺术类型中，比较而言，音乐是最抽象的艺术。

音乐可以通过几种途径来体验，最传统的一种是到现场听音乐家的表演。现场音乐也能够由无线电和电视来播放，这种方式接近于听录音带或看音乐录像。有些时候现场表演也会混合一些事先做好的录音，如 DJ 用唱片做出的摩擦声。当然，也可以制作自己的音乐，通过歌唱，玩乐器或不太严密的作曲。

甚至耳聋的人也能够通过感觉自己身体的震动来体验音乐，最著名的聋音乐家的例子便是贝多芬，其绝大部分著名的作品都是在他完全丧失听力后创作的。

人们想学习音乐的时候会去上音乐课。音乐学包括音乐理论和音乐史。

音乐作为一门古老的艺术，各文化也都有其独特的音乐系统，民族音乐学是一门以该领域为讨论对象的学科。

# 音 乐 起 源

人类社会从什么时候开始有了音乐，已无法查考。在人类还没有产生语言时，就已经知道利用声音的高低、强弱等来表达自己的意思和感情。随着人类劳动的发展，逐渐产生了统一劳动节奏的号子和相互间传递信息的呼喊，这便是最原始的音乐雏形；当人们庆贺收获和分享劳动成果时，往往敲打石器、木器以表达喜悦、欢乐之情，这便是原始乐器的雏形。

1. 弦乐器的起源传说

墨丘利是希腊神话中诸神的使神。据说他在尼罗河畔散步时，脚触一物发出美妙的声音，他拾起一看，发现原来是一个空龟壳内侧附有一条干枯的筋所发出的声响。墨丘利从此得到启发而发明了弦乐器。虽说后人考证在墨丘利以前就已经有了弦乐器，但也可能是由此得到了启发。

2. 管乐器的起源传说

中国古代历史记述了距今 5000 年前的黄帝时代，有一位名叫做伶伦的音乐家，他进入西方的昆仑山内采竹为笛。当时恰有五只凤凰在空中飞鸣，他便合其音而定律。虽然这一故事也不能完全相信，但是，可将其看做是有关管乐器起源带有神秘色彩的传说。

3. 中国古代音乐

中国最初的帝王——黄帝，是 5000 年前创造了历法和文字的名君。当时，除了前述的伶伦之外，还有一位名叫"伏羲"的音乐家。据说伏羲是人首蛇身，曾在母胎中孕育了十二年。他弹奏了有五十弦的琴，由于音调过于悲伤，黄帝将其琴断去一半，改为二十五弦。

此外，在黄帝时代的传说中，还有一位名为神农的音乐家，他教人耕作，并发现了医药，据说是牛首人身。他创造了五弦琴，如果设想当时的音乐是使用五声音阶，那么这是理所当然的。

# 中 国 音 乐

1. 正式的中国音乐历史文字记载，始于周朝

中国音乐从很早已经掌握七声音阶，但一直偏好比较和谐的五声音阶，重点在五声中发展音乐，同时将中心放在追求旋律、节奏变化，轻视和声的作用。中国音乐的发展方向和西方音乐不同，西方音乐从古希腊的五声音阶，逐渐发展到七声音阶，直到十二平均律；从单声部发展到运用和声。所以西方音乐像一堵厚重的墙壁，上面轮廓如同旋律，砖石如同墙体，即使轮廓平直只要有和声也是墙，正像亨德尔的某些作品。中国音乐则不同，好像用线条画出的中国画，如果没有轮廓（旋律）则不称其为音乐，但和声是可有可无的。所以西方人听中国音乐"如同飘在空中的线"，而从未接触西方音乐的中国人则觉得西方音乐如同"混杂的噪声"。

2. 史前古乐

中华民族音乐的蒙昧时期早于华夏族的始祖神轩辕黄帝两千余年。距今6700 年至 7000 余年的新石器时代，先民们可能已经会烧制陶埙，制作骨哨。这些原始的乐器无可置疑地告诉人们，当时的人类已经具备对乐音的审美能力。远古的音乐文化根据古代文献记载具有歌、舞、乐互相结合的特点。葛

天氏氏族中的所谓"三人操牛尾，投足以歌八阕"的乐舞就是最好的说明。当时，人们所歌咏的内容，诸如"敬天常""奋五谷""总禽兽之极"反映了先民们对农业、畜牧业以及天地自然规律的认识。这些歌、舞、乐互为一体的原始乐舞还与原始氏族的图腾崇拜相联系。如黄帝氏族曾以云为图腾，他的乐舞就叫作《云门》。关于原始的歌曲形式，可见《吕氏春秋》所记涂山氏之女所作的《候人歌》。这首歌的歌词仅只"候人兮猗"一句，而只有"候人"二字有实意。这便是音乐的萌芽，是一种孕而未化的语言。河南舞阳县贾湖遗址的骨笛溯源于公元前 6000 年左右，是全世界最古老的吹奏乐器。其中的一支七孔骨笛保存得非常完整，专家们进行过实验，发现仍然能使用该骨笛演奏音乐，能发出七声音阶。但中国古代基本上只使用五声音阶。

3. 古代音乐

中国古代"诗"与"歌"是不分的，即文学和音乐是紧密联系的。现存最早的汉语诗歌总集《诗经》中的诗篇当时都是配有曲调，为人民大众口头传唱的。这个传统一直延续下去，比如汉代的官方诗歌集成，就叫《汉乐府》，唐诗、宋词当时也都能歌唱。

中国古代对音乐家比较轻视，不像对待画家，因为中国画和书法联系紧密，画家属于文人士大夫阶层，在宋朝时甚至可以"以画考官"（其实也是因为宋徽宗个人对绘画的极度爱好）。乐手地位较低，只是供贵族娱乐的"伶人"。唐朝时著名歌手李龟年也没有什么政治地位，现在的人知道他也是因为他常出现在唐诗中，受人赞扬。中国古代的音乐理论发展较慢，在"正史"中地位不高，没有能留下更多的书面资料。但音乐和文学一样，是古代知识分子阶层的必修课，在古代中国人的日常生活中无疑有着重要地位；民间则更是充满了多彩的旋律。

宋、金、元时期音乐文化的发展以市民音乐的勃兴为重要标志，较隋、唐音乐得到更为深入的发展。到了元代，民族乐器三弦的出现值得注意。宋代还是中国戏曲趋于成熟的时代。它的标志是南宋时南戏的出现。南戏又称温州杂剧、永嘉杂剧，其音乐丰富而自然。最初时一些民间小调，演唱时可以不受宫调的限制。后来发展为曲牌体戏曲音乐时，还出现了组织不同曲牌的若干乐句构成一种新曲牌的"集曲"形式。南戏在演唱形式上已有独唱、对唱、合唱等多种。传世的三种南戏剧本《张协状元》等，见于《永乐大典》。戏曲艺术在元代出现了以元杂剧为代表的高峰。元杂剧的兴盛最初在北方，渐次向南方发展，与南方戏曲发生交融。代表性的元杂剧作家有关汉卿、马致远、郑光祖、白朴，另外还有王实甫、乔吉甫，世称六大家。典型作品如关汉卿的《窦娥冤》《单刀会》，王实甫的《西厢记》。元杂剧有严格的结构，即每部作品由四折（幕）一楔子（序幕或者过场）构成。一折内限用同一宫调，一韵到底，常由一个角色（末或旦）主唱，这些规则，有时也有突破，如王实甫的《西厢记》达五本二十折。元杂剧对南方戏曲的影响，造成南戏（元明之际叫做传奇）的进一步成熟。出现了一系列典型剧作，如《拜月庭》《琵琶记》等。这些剧本经历代流传，至今仍在上演。

# 西 方 音 乐

西方音乐以七弦琴作为音乐的标志乐徽。西洋音乐主要指欧洲的音乐，由于欧洲历史上统治阶层比较重视音乐，因此许多音乐家都得到资助和保护，发展出比较完善的音乐理论。目前西方的音乐理论在全世界的音乐界占有主导地位，欧洲音乐界发展的记谱法和作曲的程式得到世界的公认。

西方音乐分为以下八个阶段：

### 古希腊罗马时期的音乐

在公元前 12～前 8 世纪荷马时期的两部史诗反映了古希腊的音乐文化。史诗本身既是文学作品又是音乐作品，它由职业弹唱艺人"阿埃德"用一种叫基萨拉的乐器伴奏吟唱。

公元前 146 年后，古罗马征服希腊后，它的文化主要受益于希腊，同时又吸收了叙利亚、巴比伦、埃及等国的文明成果。

### 中世纪时期的音乐

西元 476 年罗马帝国瓦解后，希腊、罗马文明便趋衰微。日耳曼人统治欧洲西半部，历史上称为"黑暗时期"，也就是"中世纪时期"。教会是当时人们的生活重心，在政治、经济、文化上具有重要地位，艺术家在宗教中生存，因此当时艺术与宗教息息相关。这时期的音乐活动受基督教影响很大，音乐多以宗教仪式或歌唱颂歌为主，以功能为重，如格雷果圣歌。歌词多是采自圣经。特色是旋律高低起伏变化小，缺乏和声基础，表现朴实。

公元 390 年左右，安布罗斯推行对圣歌的双声合唱，引入和声，并准许非僧侣、教士的俗人参与演唱，使教会音乐得以发展和普及。

### 文艺复兴时期的音乐

文艺复兴时期为 1450～1600 年，在中世纪"新艺术"的基础上，更加追求人性的解放与对人的内心情感的抒发与表达。这时的音乐家在人文主义思潮的推动下，对复调音乐进行了发展和变革，声乐与器乐逐渐分离而独立发展。这一时期五线谱已得到完善，印刷术也运用到曲谱上，这都使音乐的传播更加便利和广泛。

### 巴洛克音乐

巴洛克音乐指在欧洲文艺复兴之后开始兴起，且在古典主义音乐形成之前所流行的音乐类型，延续期间为从 1600～1750 年之间的 150 年。

巴洛克音乐的特点是极尽奢华，加入大量装饰性的音符。节奏强烈、短促而律动，旋律精致。复调音乐（复音音乐）仍然占据主导地位，大小调取代了教会调式，同时主调音乐也在蓬勃发展。于是复调的和声性越来越明显。复调在 J. S. 巴赫时代发展到极致。数字低音及即兴创作是巴洛克重要的部分，并且管弦乐团编制尚未标准化。

**古典主义音乐**

古典主义音乐指的是 1730—1820 年这一段时间的欧洲主流音乐，又称维也纳古典乐派。此乐派三位最著名的作曲家是海顿、莫扎特和贝多芬。

古典主义音乐承继巴洛克音乐的发展，是欧洲音乐史上的一种音乐风格或者一个时代。这个时代出现了多乐章的交响曲、独奏协奏曲、弦乐四重奏、多乐章奏鸣曲等体裁。而奏鸣曲式和轮旋曲式成为古典时期和浪漫时期最常见的曲式，影响之深远直至二十世纪。乐团编制比巴洛克时期增大，乐团由指挥带领逐渐变成一种常规。现代钢琴在古典时期出现，逐渐取代了大键琴的地位。

**浪漫音乐**

浪漫主义主要用于描述 1830—1850 年间的文学创作，以及 1830—1900 年间的音乐创作。

浪漫主义音乐是古典主义音乐（维也纳古典乐派）的延续和发展，是西方音乐史上的一种音乐风格或者一个时代。浪漫主义音乐比起之前的维也纳古典乐派的音乐，更注重感情和形象的表现，相对来说看轻形式和结构方面的考虑。浪漫主义音乐往往富于想象力，相当多的浪漫主义音乐受到非现实

的文学作品的影响，而有着相当大的标题音乐成分。浪漫主义的因素，则包含在从古至今的音乐创作当中，而不仅仅局限于某一个时代，因为音乐创作本身，就是想象力的一种表现，而浪漫主义恰恰是想象力的最佳体现。

贝多芬是古典主义音乐的集大成者和终结者，也是浪漫主义音乐的先行人，浪漫主义音乐抛弃了古典音乐的以旋律为主的统一性，强调多样性，发展和声的作用，对人物性格的特殊品质进行刻画，更多地运用转调手法和半音。浪漫主义歌剧的代表是韦伯，音乐的代表是舒伯特。浪漫主义音乐体现了影响广泛和民族分化的倾向，在法国出现了柏辽兹，意大利的罗西尼，匈牙利的李斯特，波兰的肖邦和俄罗斯的柴可夫斯基。浪漫主义音乐在瓦格纳和布拉姆斯时代逐渐走入历史。

# 戏　剧

## 概　述

戏剧旧时专指戏曲，后用为戏曲、话剧、歌剧、舞剧、诗剧等的总称。

戏剧，指以语言、动作、舞蹈、音乐、木偶等形式达到叙事目的的舞台表演艺术的总称。文学上的戏剧概念是指为戏剧表演所创作的脚本，即剧本。戏剧的表演形式多种多样，常见的包括话剧、歌剧、舞剧、音乐剧、木偶戏等。

它是综合艺术的一种。有两种含义：狭义专指以古希腊悲剧和喜剧为开端，首先在欧洲各国发展起来继而在世界广泛流行的舞台演出形式，英文为drama，中国称之为话剧。广义还包括东方一些国家、民族的传统舞台演出形式，如中国的戏曲、日本的歌舞伎、印度的古典戏剧、朝鲜的唱剧等。

## 戏 剧 起 源

### 1. 歌舞说

此说又可析为三种。

第一，宫廷乐舞说。清代纳兰性德《渌水亭杂识》云："梁时大云之乐，作一老翁演述西域神仙变化之事，优伶实始于此。"刘始培在《原戏》中根据古代乐舞多有装扮人物之事实，认为"戏曲者，导源于古代乐舞者也……则

固与后世戏曲相近者也"。常任侠在《在国原始的音乐舞蹈与戏剧》中，较为系统地考察了原始音乐舞蹈的戏剧因素后认为"原始社会中的简单的音乐舞蹈，便是后来做成完美戏剧的前驱"。周贻白的《中国戏剧史长编》将中国戏剧的最早源头溯至"周秦的乐舞"。

第二，上古歌舞说。张庚、郭汉城主编《中国戏曲通史》开篇首句云："中国戏曲的起源可以上溯到原始时代的歌舞。"我们知道一切艺术起源于劳动，中国的歌舞也不例外。《书经·舜典》上说："予击石附石，百兽率舞。"所谓百兽率舞，并不是像后来的儒家所神秘化的那样，说是在圣人当世连百兽都来朝拜舞蹈了，这种舞是用石相击或用手击石来打出节奏的，那时连鼓也没有，可见是很原始的。到后来才有了鼓，所谓"鼓之舞之"，这就进一步了。这种舞可能是出去打猎以前的一种原始宗教仪式，也可能是打猎回来之后的一种庆祝仪式，《吕氏春秋·古乐》篇中说："帝尧立，乃命质为乐，质乃效山林溪谷之音以歌，乃以麋革置缶而鼓之，乃拊石击石以像上帝玉磬之音，以致舞百兽。"这是战国时代关于古代乐舞的一种传说。可以透过这段歌舞的描写看出一幅原始猎人在山林中打猎的景象：一面呼啸，一面打着各种陶器、石器发响去恐吓野兽，于是野兽们就狼奔豕突地逃走而最终落网。这位原始时代的艺术家"质"就是按生活中的实际来创造了狩猎舞，这时所谓的"百兽"实际是人披兽皮而"舞"的场景，不过是对于狩猎生活的愉快和兴奋的回忆罢了。当然，这时的场景都是已经艺术化了，音乐、舞蹈都是已经节奏化了的，这种舞蹈带着浓厚的仪式性，它是向氏族的保护神或始祖祈祷，以求这次出去打猎获得丰收，或者是打猎回来为了酬谢神祇而举行的。但不管它是什么仪式，也不管它披着多厚的原始宗教的外衣，其实际意义，乃是一种对于劳动的演习、锻炼，这不光是锻炼了猎人们的熟练程度，而且也培养了年轻的猎人，《书经·舜典》中有命夔"典乐教胄子"的记载。"胄子"的注解是贵族子弟，但原始社会没有贵族，恐怕就是年轻武士了，用乐舞去教年轻武士，不是锻炼他们又是什么呢？因为它的内容就是原始人狩猎动作的模仿。

既然是模仿劳动的动作，这也就可以说是最原始的表演了。

原始的舞蹈总是和歌相伴的，他们绝不是闷声不响地跳，而是一面跳一面欢呼歌唱。《吕氏春秋·古乐》篇中还说："葛天氏之乐，三人操牛尾。投足而歌八阕。"略可想见当时的情形。

在原始社会，歌舞不止狩猎舞一种，还有战争舞，它的性质和狩猎舞是差不多的，进入农耕时代，又产生了一系列有关农事的祭典，如"蜡""雩"。蜡是在年终时，为了酬谢与农事有关的八位神灵而举行的。在这一天，公社的成员是尽情欢乐、开怀畅饮、唱歌跳舞的。这种风气一直遗留到春秋时代。《孔子家语·观乡》说："子贡观于蜡。孔子曰：赐也，乐乎？对曰：一国之人皆若狂，赐未知其为乐也。孔子曰：百日之劳，一日之乐，一日之泽，非尔所知也。"可以看出这完全是劳动农民一年辛苦后的欢乐。

相传"蜡"是伊耆氏所首创，一说伊耆氏就是神农氏，足见这是与农业发达时期密切相连的风俗。"雩"是天旱求雨的祭祀。《周礼·春官》"宗伯"下记载："司巫……若国大旱，则帅巫而舞雩。"《周记》的记载虽然是奴隶社会的事，但显然是原始时代的遗留下来的风俗，除此之外，在原始公社的许

多节日也举行舞蹈。如男女相爱，也有一个节日，大家会合在一起来唱歌跳舞。这个节日在汉民族就是祭祀氏族女始祖的日子，所跳的舞据说就叫做"万舞"。现在西南少数民族的所谓"跳月""摇马郎""歌墟"等可能就是这种节日遗留下来的形态。

原始歌舞的一个主要特点是它的全民性。到了奴隶社会，有了阶级，在艺术上的情况也就起了变化，这时祭祀仪式已经不再是全民性的节日歌舞，它成了只是奴隶主贵族所专有的了，第一个把天下传给自己儿子的禹，当他治水成功，做了部落联盟的首领之后，立刻"命皋陶作为夏籥九成，以昭其功"。见《吕氏春秋·古乐》这里的乐舞已经开始失去全民的意义，而成为夸耀个人功绩的手段了，禹的儿子启也学习他这一手，用歌舞来夸耀，并装点自己的威严。据传说他三次上天，从天上偷来了《九招》（即《九韶》）歌舞，在"大穆之野"举行表演。从此以后，奴隶主贵族们便把本是属于全民的歌舞拿来歌颂自己的功德，《吕氏春秋·古乐》篇中还说："汤乃命伊尹作为《大护》歌《晨露》修《九招》《六列》，以见其善。"而《大武》之舞却又是歌颂周武王和周公灭商及平定奴隶叛乱的，这是所谓"武舞"，它是手执盾牌和武器而舞蹈的，还有歌颂周朝统治者治国如何有秩序、如何天下太平的《韶舞》，这就是称为"文舞"。

现从《史记·乐书》中引一段关于《大武》之舞的记载如下：

宾牟贾侍坐于孔子，孔子与之言，及乐……子曰："……夫乐者，象成者也，总干而山立，武王之事也，发扬蹈厉，太公之志也，武乱皆坐，周召之治也，且夫《武》，始而北出，再成而灭商，三成而南，四成而南国是疆，五成而分狭。周公左，召公右，六成复缀，以崇天子，夹振之而四伐，盛威于中国也，分夹而进，事蚤济也，久立于缀，以待诸侯之志也。"

从这段对于《大武》之舞的解释来看，它包含着一段故事的内容，舞虽不足以表现它的内容，但演故事的倾向却也存在了。

第三，西域歌舞说。陈村、霍旭初《论西域歌舞戏》中指出：汉唐间，随东西方交通之开拓、经济文化交流之频繁，西域文化艺术的一支——歌舞戏，逐步传入中原，成为我国戏剧的重要源流之一。无论汉代的百戏，唐代的乐舞，西域成分都占相当比重，尤其在唐代，戏剧的因素渗入乐舞之中，西域歌舞戏与中原传统戏剧的融合，不仅出现了唐代兴盛的歌舞戏品种，并对后世的戏剧有十分深远的影响，我国学者任半塘先生指出："唐代歌舞戏纵面承接汉晋南北朝之渊源，横面采纳西域歌舞戏之情调。"早在半个多世纪以前，许地山先生就阐述了六朝时候西域诸如龟兹、康国等及伊斯兰或印度乐舞的东来，有"杂戏"也进入中土的见解。

关于唐代歌舞戏，《旧唐书·音乐志》载：歌舞戏有大面、拨头、踏摇娘、窟垒子等戏。任半塘先生认为凡唐人"俳优歌舞杂奏"皆为歌舞戏。他在《唐戏弄》第二章《歌舞戏总》中还指出："一旦内容有故，或技艺涉说白，虽记载简略，表现模糊。亦非认为歌舞戏不可。"属西域歌舞戏者，《旧唐书》中仅举"拨、头"一戏，曰"拨头出西域，胡人为猛兽所噬，其子求兽杀之，为此舞以象之也"。任半塘考歌舞戏，涉受西域影响的戏剧很多，明确指出为西域歌舞戏"剧录"者有"西凉伎""苏莫遮""舍利弗"等，属"戏体"者有"钵头""弄婆罗门"等。苏莫遮"是西域歌舞戏中代表性的一个剧目"，对苏莫遮的记载，以唐慧琳《一切经音义》四十一为详细："苏莫遮，西戎胡语也，正云飒磨遮，此戏本出西龟兹国，至今犹有此曲，此国浑脱、

大面、拨头之类也，或作兽面或像鬼神，假作种种面具形状，以泥水沾沥行人，或持索搭钩，捉人为戏，每年七月初，公行此戏，七日乃停。土俗相传云：常以此法禳厌，驱趁罗刹恶鬼食啖人民之灾也。"苏莫遮，又称泼寒胡戏，从文献上看，苏莫遮在中原大都是供统治者娱乐的，自北周宣帝大象元年到唐玄宗开元元年130多年，常被列为宫廷内玩赏的节目，这自然要经过无数次的改造，并随政治风云而变易。最清楚的例子是唐中宗时中书令张说为投中宗喜欢"泼寒胡戏"所好，作"苏莫遮"歌辞五首，每首辞后附和声"亿万岁"。同一张说，到了玄宗开元元年却又上疏曰："泼寒胡戏未闻典故，裸体跳足，盛德何观，挥水捉泥，失容斯甚。"求禁此戏，玄宗本爱各族乐舞，因政治需要乃崇信道教，至天宝年间，推行"改佛为道""改胡为汉"的政策，泼寒胡戏便遭禁止，但苏莫遮的曲牌被保留下来，唐代宫廷的泼寒胡戏，突出了"献忠祝寿，永庆万年""夷邦归顺"的政治说教和玩耍气氛，把民俗内容，西域生活内涵完全抹掉。因此，对苏莫遮歌舞戏仅从见诸史籍上的记载去研究分析是不足取的，"苏莫遮"中的泼水沾沥行人，为波斯民俗供奉不死之神的活动，清水象征着"苏摩"圣水。张说的苏莫遮歌词第三首有"油囊取得天上河水，将添上寿万年杯，亿万岁"之句，岂不正与"苏摩"不死之水的含意相印证吗？由此可见，泼水沥人是苏莫遮的最关键情节，为此戏的精华所在，亦为此戏原始形态的基础，故在传播中虽经增删变异，但此核心情节始终保留着。

"苏莫遮"表演者戴各式面具，是此戏的又一特点。《酉阳杂俎》中的"并服狗头，猴面"都明确记录了龟兹"苏莫遮"歌舞戏的面具表演，面具既刻画了剧中人物性格，又是演绎内容的手段，为戏剧化的重要标志，龟兹"苏莫遮"的面具多样化，表明戏剧的发达，亦即"能感人"教化功能的发展与成熟。据《一切经音义》所载，龟兹以面具表演的戏剧形式，除苏莫遮外，还有"大面""浑脱""拨头"，关于"大面"，唐代剧名有"兰陵王"，大面是面具之称，"大面出于北齐，兰陵王长恭才武而面美，常着假面以对敌，尝击周师金庸城下，勇冠三军，齐人壮之，为此舞，以效其指挥击刺之容，谓之兰陵王入阵曲"。

《兰陵王》的剧情主要为颂扬"指挥击刺之容"。加以面具之角色装扮，当然不是单纯的舞蹈，而是戏剧性的表演。兰陵王大面是受西域影响又按西域大面之称为歌舞戏，早有学者论证过。王国维先生曾说过："如使拨头与拨豆为同音异译，而此戏出于拨豆国，或由龟兹等国而入中国，则其时自不应在隋唐以后，或北齐时已有此戏，而《兰陵王》《踏摇娘》等戏，皆模仿而为之者欤。"唐代，崔令钦《教坊记》载《踏摇娘》：北齐有人姓苏，实不仕，而自号为郎中，嗜饮酗酒，每醉辄殴其妻，妻衔悲，诉于邻里，时人弄之。丈夫着妇人衣，徐步入场，行歌，每一迭，旁人齐声和之云："踏摇和来！踏摇娘苦和来！"以其且步且歌故谓之"踏摇"；"以其称冤，故言苦。及其夫至，则作殴斗之状，以为笑乐。"《踏摇娘》实为歌舞戏，而非单纯的舞蹈。

2. 巫觋说

我国周代盛行的蜡祭，是祭祀仪式中颇具戏剧性的一种。此说较早见于宋人苏轼《东坡林志》（卷二）八蜡，三代之戏礼也，岁终聚戏，此人情之所不免也，因附以礼仪，亦曰不徒戏而已，祭必有尸，无尸曰"奠"……今蜡谓之"祭"盖有尸也，猫、虎之尸，谁当为之？置鹿与女，谁当为之？非倡优而谁？"葛带榛杖"，以丧老物；"黄冠""草笠"以尊野服，皆戏之道也。

明人杨慎在《升庵集》（卷四十四）中针对楚辞之《九歌》谓"女乐之兴，本由巫觋……观楚辞《九歌》所言巫以悦神，其衣被情态与今倡优何异！"王国维在《宋元戏曲考》中提出：歌舞之兴，其始于古之巫乎？巫之兴也，盖在上古之世。《楚语》："古者民神不杂，民之精爽不携贰者，而又能齐肃衷正……如此，则明神降之。在男曰觋，在女曰巫，及少皋之衰，九黎乱德，明神杂糅，不可方物。夫人作享，家为巫史。"巫之事神，必用歌舞。他认为古代的巫觋是以歌舞娱乐鬼神为职业的，同时，古代祭祀鬼神要用人来装扮成"灵保"或"尸"作为神鬼所凭依的实体，则装扮成"灵保"的亦即为巫，他断定群巫之中，必有像神之衣服形貌动作者。这一做法就是后世戏剧之萌芽。由此王国维认为后世戏剧，当自巫、优二者出。

闻一多在《什么是九歌》中认为："严格地讲，2000 年前《楚辞》时代的人们对《九歌》的态度，并没有什么差别，同是欣赏艺术，所差的是，他们是在祭坛前观剧———一种雏形的歌舞剧。我们则只能从纸上欣赏剧中的歌辞罢了。"他还将《九歌》"悬解"为一部大型歌舞剧。董康《曲海总目提要·序》："戏曲肇自古代之乡傩。"傩是古代的一种逐鬼趋疫的仪式，特别是在每年除夕时最为盛大，舞蹈者都戴着面具。

"巫觋说"与"宗教仪式说"相类。较早系统论述中国戏剧起源于"宗教仪式"的是英国牛津大学教授龙彼得的《中国戏剧起源于宗教仪式考》一文，他认为："在中国，如同在世界任何地方，宗教仪式在任何时候，包括现代，都可能发展为戏剧，决定戏剧发展的各种因素，不必求诸于遥远的过去，它们在今天还仍然还活跃着。"周育德在《中国戏曲与中国宗教》中认为，原始宗教开辟了戏曲的源头，先秦宗教孕育了戏曲的胚胎，秦、汉宗教产生了戏曲的雏形，较为系统地论述了宗教在戏曲发生阶段的作用。

3. 俳优说

张庚、郭汉城的《中国戏曲通史》中说道，在西周末年出现了有贵族篡养起来，专供他们声色之娱的职业艺人"优"，有时也称为"倡优"或"俳优"。"优"都是由男子充任的。据说，夏桀时代就有了倡优。刘向《古列女传·孽嬖传·夏桀妹喜》中记载："桀……收倡优侏儒狎徒能为奇伟戏者，聚之于旁，造烂漫之乐。"关于优的记载，最初见于《国语·郑语》史伯对郑桓公说周幽王"侏儒、戚施实御在侧"韦昭说："侏儒、戚施皆优笑之人。"可见就是当时的俳优。春秋时代，优孟扮为孙叔敖而与楚庄王相问答一事，向来被认为是中国戏剧的开端。宋人高承《事物纪原·俳优》引《列女传》说：

"夏桀既弃礼仪，求倡优侏儒，而为奇伟之戏。"清人焦循亦持此说："优之为伎也，善肖人之形容，动人之欢笑，与今无异耳！"王国维《宋元戏曲考》除认为"巫"为戏剧之源头之外，还认为"巫以乐神，优以乐人，巫以歌舞为主，优以调谑为主，巫以女为之，而优以男为之。至若优孟之为孙叔敖衣冠，而楚王欲以为相，优施一舞，而孔子谓其笑君，则于言语之外，其调戏亦以动作行之，与后世之优颇复相类"。由此推出，"后世之戏剧，当自巫、优二者出"的结论。

### 4. 傀儡说

此说见于孙楷弟《傀儡戏考源》，他将傀儡戏的源头溯至西周傩礼中方相氏所佩戴的"黄金四目"面具，因为方相氏是用真人来扮饰，而丧家出殡时每用方相氏先就柩开路，由是联系到《旧唐书·音乐志》所载"窟垒子，作偶人以戏，善歌舞，本丧家乐也，汉末始用于嘉会"等语，乃认定傀儡戏当即由方相氏的驱疫蜕变而来。但因方相氏系用真人扮饰，于是悬断"当代傀儡戏有二派：一以真人扮饰，一以假人扮演，二者性质不同，而皆谓之傀儡"。书中还说"余此文所论，以宋之傀儡戏、影戏为主，以为宋元以来戏文杂剧所从出，乃至后世一切大戏，皆源于此"。

### 5. 外来说

许地山的《梵剧体例及其在汉剧上的点点滴滴》从中、印戏剧内容和表现形式上的共性出发得出结论："中国戏剧变化的陈迹如果不是因为印度的影响，就可以看作是赶巧两国的情形相符了。"郑振铎的插图本《中国文学史》，季羡林的《比较文学与民间文学》均持此说。

### 6. 民间说

唐文标在中国古代戏剧史中认为："我认为中国戏剧的主要起源来自民间，古剧所以晚起，所以掺杂无数民间杂艺，它的通俗内容和大众化的语调外形，它的平庸思想，人情世故的主题，它之所以跟世界上希腊悲剧和印度梵剧大异的地方，完全由于它自民间来，以满足平民阶层的娱乐消闲为第一要点，因此它的成熟期也非要等待中国农业社会演化的结果——宋代出现一

个具体而微的大众化市民社会不可了了。"

## 7. 文学说

这一说法认为，文学才是诱发中国戏剧发生的重要因素，其中又有以下几种不同看法。

讲唱文学。任光伟《北宋目连戏辨析》云："中国戏曲艺术是由多门类的艺术综合而成的，它的产生固需要各种因素之成熟，但其中起决定作用的则在于文学，北宋的大型杂剧产生，来源于讲唱文学。"

黄天骥在"中国戏剧起源研讨会"上的发言，云："谈中国戏剧离不开叙事因素……敦煌变文是诱发戏剧的一个重要因素，……细细考察，它实际上是中国戏剧一个很粗的源头。"

自小说脱胎说。刘辉在乌鲁木齐市"中国戏剧起源研讨会"上的发言云："中国戏曲的缘起与中国的宗教、民俗、歌舞特别是说唱有着密切的关系……中国戏曲与小说区分后，必然是以第一人称而不是以第三人称的方式演出，没有这个，谈不上中国戏曲，必须有角色行为，没有这个，也不是戏曲。"

## 8. 百戏之摇篮说

祝肇年、彭隆兴《百戏是形成中国戏曲的摇篮》一书与云："戏剧是在'百戏'中间孕育形成的，'角抵戏'又是直接孕育戏剧的母体。"吴国钦在《瓦舍文化与中国戏剧的形成》中明确说道："我认为戏曲形成于汉代，在汉代百戏中已经出现了戏剧实体，像《东海黄公》《总会仙唱》这类节目，就是初期的戏剧，它们都是一种戏剧演出，有演员表演、有故事贯穿、有观众参与。"张衡《西京赋》是这样记载的：东海黄公，赤刀粤祝，靠厌（伏）白虎，卒不能救，狭邪作蛊，于是不售。东晋葛洪的《西京杂记》上也有记载：有东海人黄公，少时为术，能制御蛇虎……秦末有白虎见于东海，黄公乃以赤刀往厌（伏）之。术既不行，乃为虎所杀。俗用以为戏，汉帝亦取以为角抵之戏焉。东海黄公的演出形式属角地抵戏，演员通过戴白虎面具进行角力相扑表演故事，它显然已不是单纯的竞技比赛，而是"戏"，因为角抵是在戏剧规定情景中完成的，输赢早已内定了。汉代的百戏也叫散乐，是当时民间演出的歌舞、戏曲、杂技、杂耍节目的总称。戏曲就孕育在这种"百戏杂陈"的演出环境中，它吸取了各种艺术的长处，在母体中形成自己的基因。

# 中国戏剧的诞生

就西方的定义来说，中国没有"话剧"的传统。不过一般在讨论中国戏剧时，若不以严格的定义划分，中国古代的戏曲应归入戏剧的大类。

中国戏曲的根源在可以追溯到先秦到汉代的巫祇仪式，但是宋代南戏的发展才有了完备的戏剧文本创作，现存最早的中国古代戏剧剧本是南宋时的《张协状元》。元代时以大都、平阳和杭州为中心，元杂剧大放异彩。后世形成了诸多戏曲形式，也就是各剧种。明代的昆曲经过发展，首先得到士族大夫的追捧和喜爱，他们大量创造剧本，不断修改曲谱，同时修正昆曲的戏剧理论，并使得传奇剧本成为一种新的主流文学形式。随后昆曲又得到晚明和清代宫廷皇室的喜爱，成为贵族生活的一部分，成为获得官方肯定的戏剧艺术，故称"雅"；而以各地方言为基础的地方戏，广受民间喜爱，则称"花"。于是在清代形成了"花雅之争"，实际上是戏曲共同繁荣的局面。这丰富了戏曲艺术的门类，也形成了各自的艺术特色。

近年来台湾的戏剧研究学者曾永义提出一套说法，认为在讨论中国戏剧起源时，应该要区分"大戏"与"小戏"，大戏是成熟的戏曲，而小戏则是戏剧的雏形。大戏是在到了金、元杂剧之后才发展完成，而之前的宋杂剧、唐代的代面、踏摇娘、钵头、参军戏、樊哙排君难等，都可列入小戏的行列，中国在非常早之前，就有小戏。

中国在与近代西方有文化接触前，没有西方意义上的"戏剧"（主要指话剧）传统。中国传统的戏剧为一种有剧情的，"以歌舞演故事"的，综合音乐、歌唱、舞蹈、武术和杂技等的综合艺术形式，也就是戏曲曲艺。

# 相关人物传记

## 诗圣——杜甫

杜甫（712—770）字子美，自号少陵野老，汉族，河南巩县（今河南巩义市）人。世称杜工部、杜拾遗，盛唐时期伟大的现实主义诗人。他忧国忧民，人格高尚，一生写诗一千四百多首，诗艺精湛，被后世尊称为"诗圣"。

杜甫被后世尊称为"诗圣"，世称老杜，与李白并称为"李杜"，是中国文学史上伟大的现实主义诗人。死于耒阳市，今耒阳有湖南省重点文物保护单位——杜甫墓、杜工部祠、杜陵桥、杜陵书院等遗址，在杜甫遗址的基础上辟有杜甫公园。杜甫遗愿要归葬首阳山，但其次子宗武因穷困无力做到，只好暂时掩埋于耒阳，死后43年方由其孙杜嗣业扶柩归葬于河南洛阳偃师首阳山下，在首阳山下也有杜甫墓。历代仅杜甫墓、杜公祠题咏就多达60余首，还有成都杜甫草堂。

杜甫的远祖为晋代功名显赫的杜预。曾祖父杜依艺曾任巩令一职。祖父是初唐诗人杜审言，官至膳部员外郎且有自己的自传，青年时期，他曾游历过今江苏、浙江、河北、山东一带，并两次会见李白，两人结下深厚的友谊。父亲杜闲有奉天令一职。杜甫与杜牧是远房宗亲，同为晋朝灭孙吴的大将杜预之后裔（杜甫为杜预二十世孙）。

杜甫一生坎坷，是我国唐代伟大的现实主义诗人。杜甫曾任左拾遗、检校工部员外郎，因此后世称其杜工部。以古体、律诗见长，风格多样，以

"沉、郁、顿、挫"四字准确概括出他自己的作品风格，而以沉、郁为主。杜甫生活在唐朝由盛转衰的历史时期，其诗多涉笔社会动荡、政治黑暗、人民疾苦，他的诗反映当时社会矛盾和人民疾苦，因而被誉为"诗史"。杜甫忧国忧民，人格高尚，诗艺精湛。杜甫一生写诗一千四百多首，其中很多是传颂千古的名篇，比如"三吏"和"三别"，并有《杜工部集》传世；其中"三吏"为《石壕吏》《新安吏》和《潼关吏》，"三别"为《新婚别》《无家别》和《垂老别》。杜甫的诗篇流传数量是唐诗里最多的，他是唐代最杰出的诗人之一，对后世影响深远。

## 欧洲批判现实主义文学的奠基人——巴尔扎克

奥诺雷·德·巴尔扎克（1799—1850），法国 19 世纪著名作家，法国现实主义文学成就最高者之一。他创作的《人间喜剧》共 91 部小说，写了 2400 多个人物，是人类文学史上罕见的文学丰碑，被称为法国社会的"百科全书"。

巴尔扎克 1799 年 5 月 20 日生于法国中部的图尔城。15 岁随父母迁居巴黎。17 岁入法科学校就读，课余曾先后在律师事务所和公证人事务所当差，同时旁听巴黎大学的文学讲座，获文学学士衔。20 岁开始从事文学创作，以笔名发表过许多不成功的剧本和小说。为维持生计，1825 ~ 1828 年期间先后从事出版业和印刷业，皆告失败，负债累累。经过探索和磨炼，巴尔扎克走上现实主义文学创作道路。1829 年出版的长篇小说《最后一个舒昂党人》，初步奠定了在文学界的地位。1831 年发表的长篇小说《驴皮记》为他赢得声誉，

成为法国最负盛名的作家之一。他早有把自己的作品联系成一个有机整体的设想。1841 年他在但丁《神曲》的启示下，正式把自己作品的总名定为《人间喜剧》并在《"人间喜剧"前言》中宣称要做社会历史的"书记"；认为社会环境陶冶人，因此应着力于"人物和他们的思想的物质表现"；要求作家具有"透视力"和"想象力"；注重对地理环境和人物形体的确切描写。从1829～1849 年，巴尔扎克为《人间喜剧》写出了 91 部作品，包括长篇、中篇、短篇小说和随笔等，分为《风俗研究》《哲学研究》和《分析研究》三个部分。长篇小说《欧也妮·葛朗台》（1833 年）、《高老头》（1834 年）、《幻灭》（1837～1843 年）、《农民》（1845 年）、《贝姨》（1846 年）等。

巴尔扎克在法国文学史上的地位十分重要。在他之前，法国小说一直未能完全摆脱故事的格局，题材内容和艺术表现力都有一定局限。巴尔扎克拓展了小说的艺术空间，几乎无限度扩大了文学的题材，让社会的方方面面，包括那些仿佛与文学的诗情画意格格不入的东西都能得以描绘。他借鉴了其他文学题材的特点，把戏剧、史诗、绘画、造型等多种艺术形式融入小说创作中，在西方文学史上第一次如此巨大地丰富了小说的艺术技巧。

尽管巴尔扎克的小说无情揭露社会的不公与黑暗，但他本人却并不赞成大规模的社会革命，这也是他并没有加入当时声势浩大的法国浪漫主义文学运动的原因。他曾表示："除了缓慢的改良，没有任何东西能改变人类社会的等级制度。"

# 美国文学的先行者——马克·吐温

马克·吐温（1835—1910），原名萨缪尔·兰亨·克莱门，是美国的幽默大师、小说家、作家，也是著名演说家，19世纪后期美国现实主义文学的杰出代表。

"马克·吐温"是其最常使用的笔名，一般认为这个笔名是源自其早年水手术语，马克·吐温的意思是：水深12英尺，塞缪尔（即"马克·吐温"）曾当过领航员，与其伙伴测量水深时，他的伙伴叫道"Mark Twain!"，意思是"两个标记"，亦即水深两浔（1浔约1.1米），这是轮船安全航行的必要条件。

还有一个原因是，他的船长塞勒斯，曾是位德高望重的领航员，不时为报纸写些介绍密西西比河掌故的小品，笔名"马克·吐温"。1859年，塞勒斯船长发表了一篇预测新奥尔良市将被水淹没的文章。调皮的萨缪尔决定拿他开个玩笑，就模仿他的笔调写了一篇非常尖刻的讽刺小品。谁知这篇游戏文章竟深深刺痛了老船长的心，老船长从此弃笔不写，"马克·吐温"这个笔名

也从此在报纸上销声匿迹了。

四年后，当上记者的萨缪尔得悉塞勒斯船长谢世的噩耗，为自己当年的恶作剧追悔不已，决心弥补这一过失，于是他继承了"马克·吐温"这个笔名，并以此开始了他的写作生涯。

虽然他的财富不多，却无损他的高超幽默、机智与名气，堪称美国最知名人士之一。其交友广阔，威廉·迪安·豪威尔士、布克·华盛顿、尼古拉·特斯拉、海伦·凯勒、亨利·罗杰诸君，皆为其友。他曾被誉为：文学史上的林肯。海伦·凯勒曾言："我喜欢马克·吐温——谁会不喜欢他呢？即使是上帝，亦会钟爱他，赋予其智慧，并于其心灵里绘画出一道爱与信仰的彩虹。"威廉·福克纳称马克·吐温为"第一位真正的美国作家，我们都是继承他而来"。其于 1910 年去世，享年 75 岁，安葬于纽约州艾玛拉。

马克·吐温的作品融幽默与讽刺于一体，既赋有独特的个人机智与妙语，又不乏深刻的社会洞察与剖析，既是幽默辛辣的杰作，又是悲天悯人的严肃！

# 第五章
# 历 史 文 化

历史指对人类社会过去的事件和行动，以及对这些事件行为有系统的记录、诠释和研究。历史可提供今人理解过去，作为未来行事的参考依据，与伦理、哲学和艺术同属人类精神文明的重要成果。

# 史前人类

## 石 器 时 代

石器时代是考古学对早期人类历史分期的第一个时代，即从出现人类到铜器的出现。始于距今二三百万年，止于距今 6000~4000 年。这一时代是人类从猿人经过漫长的历史逐步进化为现代人的时期。

人类发展的古代文化，以制造和利用石制工具为特点。根据工具的形状和使用的复杂程度，石器时代通常划分为三个独立的阶段，即旧石器时代、中石器时代和新石器时代。

### 旧石器时代

大约在上新世末期的非洲，一支被称为能人的现代人类的祖先，制作出了已知最早的石制工具。这些非常简单的工具就是我们所知的石器。能人被认为是掌握了奥杜韦文化时期利用薄岩片和石芯的制造工艺。这种石制工业由它的产生地坦桑尼亚的欧肚白大峡谷加以命名。这些人类很可能并不打猎，而是以食用腐肉和野生植物为生。大约在 150 万年前，一支进化程度更高的人种——直立人出现了。直立人学会了掌握火和制造更复杂石器的技巧，同时活动范围由非洲扩张到的亚洲，如中国的周口店人。

这个时期的人们主要是制造简单的工具以作打猎和采集的用途，在旧石器时代早期，人类已经学会了用火，中期出现了骨器，晚期已经能制造简单的组合工具，而且开始形成了母系氏族。元谋猿人、蓝田猿人、北京人、山顶洞人等基本上都处于这一时期。

### 中石器时代

在大约2万年前，最后的冰河时期渐渐过去。人类亦开始改变其生活习惯。因为自然气候变暖，使采集和渔猎经济有了较大的发展。而为了在新的环境中能生存下去，新的发明、创造继续出现，而且比旧石器时代时更多。这就是旧石器时代向新石器时代的过渡阶段，也就是中石器时代。

中石器时代的特色是用燧石组合成的小型工具。在某些地区可以找到捕鱼工具、石斧以及像独木舟和桨这些木制物品。

这个时代的遗迹并不多，通常都局限在贝冢。在世界上的森林地区，可以看到森林地开始被开发的迹象。森林地的急剧开垦是新石器时代的事情，因为农业需要更多土地空间的关系。

而随着农业的出现，中石器时代的人们开始改变其生活。

### 新石器时代

新石器时代在考古学上是石器时代的最后一个阶段。以磨制石器为主，大约从1万年前开始，结束时间为从距今5000多年至2000多年不等。

这个时期，人类开始从事农业和畜牧，将植物的果实加以播种，并把野生动物驯服以供食用。人类不再只依赖大自然提供食物，因此食物的来源变得稳定。同时农业与畜牧的经营也使人类由逐水草而居变为定居下来，节省下更多的时间和精力。在这样的基础上，人类生活得到了更进一步的改善，开始

关注文化事业的发展，使人类开始出现文明。

在中国，这个时代出现了仰韶文化、河姆渡文化和细石器文化等文明。

在新石器时代，人类已经能够制作陶器、纺织，发明了农业和畜牧业，开始了定居生活。

在新石器时代完结后，人类开始进入铜器时代。

# 氏 族 社 会

氏族社会，即以血缘为纽带结成的社会基层单位，亦是社会经济的基本单位。是由血缘关系结合起来的，一个氏族有十几个人，由共同的祖先繁衍下来。他们居住在一起，使用公有的工具，共同劳动，共同分配食物，没有贫富贵贱的差别。产生于旧石器时代晚期，氏族之间可以相互通婚。基本贯穿于新石器时代始终。氏族社会初期，以母系血缘为纽带，即母权制，称母系氏族社会。大约在新石器时代末期，逐渐过渡到以父系血缘为纽带，即父权制，称父系氏族社会。

## 母系氏族社会

约从 10 000 年前开始，人类进入了母系氏族社会。所谓母系氏族，就是每个氏族的全体成员都有一个共同的老祖母，他们是以母系血缘为纽带联结在一起的。在母系社会中，妇女对财产的支配权大于男子，氏族家庭是以女子为中心建立起来的。《吕氏春秋·恃君览》说，"昔太古尝无君矣，其民聚生群处，知母不知父，无亲戚、兄弟、夫妻、男女之别，无上下长幼之道，无进退揖让之礼"，指的就是母系氏族社会时期的情况。浙江余姚的河姆渡文化、河南的前仰韶文化、西安的半坡文化、东北的红山文化都是母系氏族社会文化的代表。在他们的经济生活中，虽然采集和渔猎仍占重要地位，但农业和饲养业的出现改变了他们原来的生活方式，成为他们经济生活中划时代的大事。他们的手工业也很有成就，尤其是陶器的发明和制作，使人类第一次改变了对自然物的依赖，集中凸显了人类的智慧和文明的曙光。

### 父系氏族社会

约 5500 年至 4000 年前，母系氏族社会为父系氏族社会所取代，我国远古人类进入了父系氏族社会，从此，男权的时代开始了。后期仰韶文化、黄河下游的大汶口文化、山东的龙山文化、长江中游的大溪文化和下游的良渚文化等均属于父系氏族社会文化的代表。

父系氏族社会是一种新的社会文化体系，也是人类历史发生的最深刻的变革之一。这种变革是同当时生产力的发展相适应的。由于农业和手工业的进一步发展，男子在生产中的地位和作用越来越大，社会中心自然发生偏移，因此，从母系氏族社会发展到父系氏族社会，是社会生产力发展的必然要求。在父系氏族社会中，男性的财产权和社会地位高于女性，家庭婚姻关系也由母系氏族社会的"从妻居"改变为"从夫居"，子女自然不再属于母系氏族的成员而成为父系氏族的成员，成为父亲财产的继承者。当然也正是在父系社会的时期，社会生产力的发展和劳动成果的有所剩余，一些人能够占有他人的劳动成果，并利用已占有的劳动财富役使他人，于是，贫富现象出现，私有财产开始萌芽。贫富悬殊的变化是阶级产生的基础，到父系氏族社会的后期，氏族社会开始走向瓦解，阶级社会开始出现。

# 古代文明

## 两 河 文 明

两河文明又称美索不达米亚文明，或两河流域文明。是指在两河流域间的新月沃土（底格里斯河和幼发拉底河之间的美索不达米亚平原）所发展出来的文明，是西亚最早的文明。主要由苏美尔、阿卡德、巴比伦、亚述等文明组成。

### 阿卡德王国

阿卡德王国是古代西亚两河流域南部塞姆语系的阿卡德人的奴隶制国家。统治区域位于美索不达米亚南部（今伊拉克），位于亚述东南。

阿卡德人属于闪米特人的一支，非苏美尔人。大概于公元前2500进入两河流域。两河流域文明最早的创造者是公元前4000年左右，来自东部山区的苏美尔人。约在公元前2371年阿卡德王萨尔贡统一了苏美尔地区，建立了君主制的集权国家，定都阿卡德（即后来的巴比伦城），苏美尔城邦时代宣告结束。

萨尔贡在位期间（约公元前2371—约前2316），创建常备军（约有5400人），对外进行扩张。萨尔贡先后出征34次，击败卢伽尔扎吉西。接着萨尔贡挥兵南下，降服乌尔，攻取乌鲁克，征伐拉格什，"洗剑于波斯湾"。昔日的苏美尔城市几乎尽遭摧毁，苏美尔旧贵族的势力受到沉重打击。在东方，萨尔贡远征埃兰，略取苏撒等城市。在北方，萨尔贡不仅征服了两河流域北部的苏巴尔图，还曾进兵到小亚细亚的陶鲁斯山区以及沿黎巴嫩山脉的地中海东岸地带。萨尔贡虽然征服了广大地区，但他直接统治的地方大概只限于两河流域南部。在西方一度征服幼发拉底河中游的马里（注：此处的马里并非马里共和国，而是叙利亚城市）和叙利亚古国埃布拉，打开通往地中海沿岸的商路。

阿卡德王国后期，中央集权已经趋于崩溃。约公元前2191年，蛮族库提人入侵，摧毁了阿卡德王国。阿卡德王国的历史是苏美尔历史的一部分，这一时期被称做苏美尔—阿卡德时代。

### 古巴比伦王国

古巴比伦王国是美索不达米亚南部奴隶制城邦，大致在当今的伊拉克共和国版图内，以巴比伦城为中心。

公元前19世纪，阿摩利人灭掉苏美尔人的乌尔第三王朝，建立了以巴比伦城为首都的巴比伦王国。公元前1792年，第六代国王汉谟拉比（约公元前1792—前1750）即位，征服了苏美尔人和阿卡德人，统一了美索不达米亚平原，建立一个强大的中央集权制国家，成为西亚古代奴隶制国家的典型。史称古巴比伦王国（约公元前1894—前1595）。所颁《汉谟拉比

法典》是古代西亚第一部较为完备的法典。这是世界上第一部较为完备的成文法典，但不是最早的，最早的叫《乌尔纳木法典》。其经济文化高度发展，特别是数学和天文学。汉谟拉比死后，帝国就瓦解了。王国先后受到赫梯人、加喜特人的入侵，直到公元前729年终于被亚述帝国吞并。

# 爱 琴 文 明

爱琴文明是指公元前20世纪至公元前12世纪间的爱琴海域的上古文明，因围绕爱琴海域而得名。在希腊文明之前，是最早的欧洲文明，是西方文明的源泉。主要包括克里特文明和迈锡尼文明两大阶段，前后相继。有兴旺的农业和海上贸易，宫室建筑及绘画艺术均很发达，是世界古代文明的一个重要代表。

## 克里特文明

爱琴文明最早起源于克里特岛，约公元前2000年，克里特出现了最初的国家。克里特文明的最大特征是宫殿的修筑，每个城市多围绕王宫而形成，宫廷是国家的经济、政治和文化的中心。

新王宫时期是克里特文明的繁荣期。此时克诺索斯的米诺斯王朝不仅统治克里特岛，还包括基克拉迪斯群岛，米诺斯的商站和殖民点则遍及整个爱琴海地区，东可达罗德斯岛和小亚的米利都，西北及于希腊本土的迈锡尼、雅典和底比斯，最西可达意大利的利巴拉群岛。此外，克里特和埃及的联系也更为密切，克里特已和埃及建立友好关系，商业交往更趋频繁。海外商业的发达和海军的强大使米诺斯王朝建立了海上霸权，被日后的希腊人传为美谈。

公元前1450年左右，说着希腊语的人占领了克诺索斯王宫，标志克里特文明的衰落。从此以后，爱琴文明的中心便转移到希腊本土的迈锡尼地区了。

### 迈锡尼文明

迈锡尼人和克里特的米诺斯人不是同一民族，他们的语言属印欧语系，是从欧洲内陆由北而南进入希腊的。迈锡尼人是希腊人中最早到来的一支，在公元前2000年前后定居于伯罗奔尼撒半岛。此时克里特已建立米诺斯文明，希腊本土的迈锡尼人则比较落后，虽已进入铜器时代，犹未建立国家，因此他们是在克里特直接影响下逐渐向文明过渡，到公元前1600年才称王立国。

迈锡尼城是迈锡尼文明的中心，位于伯罗奔尼撒半岛东北部。附近还有梯林斯城，是直属于迈锡尼的一个军事要塞。它们构成迈锡尼王国，在希腊诸国中最为强大。其他著名王国还有伯罗奔尼撒中部的斯巴达和西部的派罗斯，以及中希腊的雅典、底比斯等，它们有时组成一个军事同盟以联合作战，奉迈锡尼为盟主。

迈锡尼文明从公元前1200年以后渐呈衰败之势。经济衰落可能迫使统治者依靠武力掠夺，于是各国各城之间的战争也愈演愈烈，其中最著名的一次大战便是希腊同盟与小亚富裕城市特洛伊的战争。此战打了十年之久，最后希腊联军虽攻下特洛伊城，实际上却是两败俱伤。得胜的希腊各国（以迈锡尼为首）无不疲惫不堪，元气大伤，终于摆脱不了"黄雀在后"的厄运。希腊各国一直难以恢复，便为北方的多利亚人提供可乘之机。他们纷纷南下，攻城略地，逐步征服了除雅典以外的中希腊和伯罗奔尼撒各国，宣告了迈锡尼文明的灭亡。

# 奴隶制帝国

## 蒙 古 帝 国

蒙古帝国（1206—1635），是一个历史上横跨欧、亚大陆的大帝国，为原大蒙古国的延伸，也是历史上世界最大的帝国与国家之一。蒙古帝国最大疆域面积高达 3300 万平方千米（一说 4400 万平方千米），东到太平洋，北抵贝加尔湖（一说达北冰洋），西达黑海沿岸（鼎盛时达匈牙利），南至南海。占了世界土地面积的 22%，超过了 1/5，为 20 世纪时苏联的 1.5 倍，现今俄罗斯的 1.9 倍，涵盖了当时疆域内 1 亿的人口。

蒙古位于亚洲北部、戈壁大漠南北的高原地带，素为众多游牧部落、民族的繁衍生息之地。自春秋始，先后有匈奴、鲜卑、突厥、回纥等民族崛起，构成人类古代游牧世界的东翼，与相邻的中原农耕地区有着密切的经济、文化往来和政治、军事的频繁冲突与交往。13 世纪左右，蒙古民族在成吉思汗的领导下，冲出高原，掀起一股强劲的扩张浪潮。短短时间内，这股扩张浪潮便将欧、亚农耕世界搅得周天寒彻，一片昏暗，造成人类中古时代政治、文化和地理上的巨变。它不仅极大地影响了蒙古民族的历史进程，也在人类文明演进的轨迹上留下了深深的印痕。

八九世纪之交，原来游牧于贝加尔湖东南和黑龙江上游额尔古纳河一带的蒙古诸部，开始向西迁徙，进入斡难河、怯鲁连河和土拉河上游地带，随之占据了东起贝加尔湖、西至额尔齐斯河、南达万里长城、北抵西伯利亚的广阔高原地区。10~12世纪，以往那种传统的氏族集体游牧方式"古列延"渐渐让位于一家一户的游牧方式"阿寅勒"，社会阶级分化加剧，氏族社会逐步瓦解。各个部落首领"汗"和贵族"那颜"在大肆攫取社会财富的同时，还豢养亲兵勇士"那可儿"为其效命，以此作为维系权势，攻伐征战的武装力量。各部落为争夺牧场、牲畜和奴隶，相互拼杀，弱肉强食。1206年，铁木真统一蒙古各部，在斡难河（今鄂嫩河）源头召开大会，即蒙古大汗位，号"成吉思汗"，国号"大蒙古国"。蒙古草原结束了长期混战的局面。

蒙古帝国（或称蒙古汗国）包括大汗汗国、察合台汗国、钦察汗国、窝阔台汗国、伊儿汗国。元朝只是蒙古帝国五个汗国中的一个组成部分即大汗汗国的继续发展。

1635年，多尔衮与岳托等领兵万人渡河，招降林丹汗部众于额哲，林丹汗的妻子和儿子归降，交出可汗印信，整个漠南蒙古完全纳入了后金帝国的版图，蒙古帝国的汗位至此断绝，而蒙古帝国，也永远地消失了。

## 印 加 帝 国

印加帝国（Inca）是南美文明的渊源之一，13世纪末期，盖丘人开始取得权利和声望，最后打败了昌盖人建立了塔万廷苏约帝国。塔万廷苏约帝国从传说中的缔造者曼可喀巴科到最后一任帝王，即于1553年死于西班牙人之手的阿塔华尔帕。经历了14任印加王。他们利用千年以来获得的知识以及从以前的文明中继承的内容，印加王建立了神权帝国以及神奇的统治机构，把不同部族归纳在其统治之下，帝国的领土广阔，上起现哥伦比亚的努多德巴斯特地区，下至今智利的乌马勒河。

印加帝国主要信仰太阳神，并自认为太阳神的后裔。传说中太阳神派了他的一对儿女曼科卡帕克和马奥克约向印加人民教导历法、律制等。每年的 6 月 24 日是印加帝国最重要的节日——太阳节，印加人民会在这个时候把自己的农作物和家畜献祭予太阳神，感谢太阳神每年赐阳光到大地，令动物可以成长和农作物可以丰盛。

印加人有自己的语言，可是却没有一套书写文字的系统。印加人利用绳结记录法来代替文字，这就是所谓的"奇普"。

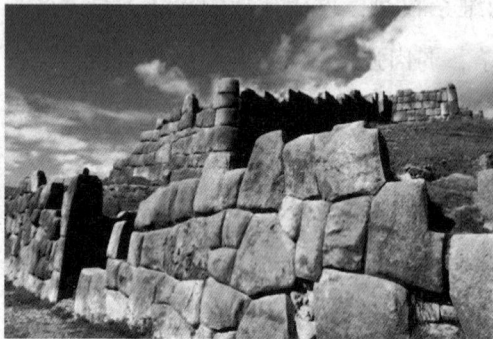

西班牙人弗朗西斯科以前听说过印加这块黄金土地。所以，在 1531 年，得到西班牙国王的允许，他带了不到 200 个人从西班牙港口起航，开始了征服一个拥有 600 万人口的帝国的旅程。其实，事前弗朗西斯科已经通过征服阿芝台克人获得了印加正在爆发内战的秘密，因此他意识到这是征服印加帝国的最好时机。在卡哈马卡城外，一些西班牙官员见到了印加统治者阿塔瓦尔帕，而且阿塔瓦尔帕同意在城里接见弗朗西斯科。西班牙人很快就进入了这座废弃的小镇，并且很快就各就各位。当印加人到来的时候，弗朗西斯科邀请阿塔瓦尔帕共同进餐。令他们惊喜的是，阿塔瓦尔帕不仅接受了邀请，而且声称他的随从将不带武器。当他到的时候，一个牧师企图劝他信奉基督教。这其实是一个进攻的信号。在 30 分钟之内，3000 个印加人全部被杀。一个帝国就这样永远地没落了。

## 马其顿王国

马其顿王国，巴尔干半岛古代国家。马其顿位于巴尔干半岛北部，境内山区称上马其顿，濒爱琴海地带称下马其顿。居民主要是希腊人、色雷斯人和伊利里亚人。约公元前 700 年，自称为马其顿人的民族开始为人所知。他们在国王佩尔狄卡斯一世及其继承者的领导下，由阿利亚克蒙河畔向东推进。公元前 5 世纪中叶，以国王为首的奴隶占有制国家在下马其顿首先出现。公元前 495—前 450 年当政的亚历山大一世统一了整个下马其顿。公元前 413—前 399 年在位的国王阿尔赫拉奥斯进行了旨在加强王权的军事和币制改革，促进了马其顿的经济和政治发展。他把首都从阿伊格迁到更靠近海的培拉。

腓力二世最终统一了上、下马其顿。他在军事、行政和财政等方面推行一系列削弱氏族贵族和加强国王权力的改革，国势日盛，并在巩固了国内统治后积极向外扩张。公元前 338 年，在喀罗尼亚战役中腓力二世战胜了希腊联军，从而成为希腊诸城邦的主宰。其子亚力山大大帝于公元前 330 年灭亡波斯帝国，不久建立起了一个地跨欧、亚、非三洲的庞大帝国——马其顿亚历山大帝国。

亚历山大死后，他的部将之间经过几十年的斗争，建立了一系列希腊化国家，马其顿王国仅据有巴尔干半岛一隅。公元前 276 年，安提柯二世·贡纳特被马其顿军队拥立为王，建立安提柯王朝（公元前 276—前 168）。该王朝积极参与希腊化诸国之间争权扩地的角逐，力图控制希腊。由于阿哈伊亚同盟势力的增长，公元前 229 年和公元前 228 年雅典和整个伯罗奔尼撒半岛相继摆脱了马其顿的羁绊。腓力五世（公元前 220—前 179 年在位）企图重新君临整个希腊，并且在伊利里亚和小亚细亚扩张，与逐渐向地中海东部渗透的罗马发生冲突。公元前 215—前 205 年的第一次马其顿战争，罗马与马其顿均未取得决定性胜利，以大体维持现状的和约告终。第二次马其顿战争（公元前 200—前 197）期间，腓力五世在库诺斯克法莱战役中败北，被迫放弃马其顿境外的所有领地。第三次马其顿战争（公元前 171—前 168）则以马其顿王佩尔修斯（公元前 179—前 168 年在位）在皮德纳战役中的惨败告终。佩尔修斯被俘处斩。此后，马其顿不再作为一个独立国家存在，被划分为 4 个彼此分离但仍保持一定自治权的地区。第四次马其顿战争（公元前 149—前 148）期间，罗马镇压了马其顿人大规模的起义以后，又将 4 个地区合并，使其和伊利里

亚、帖萨利亚一起组成一个由罗马人直接治理的行省。后这一行省又称为马其顿和第二马其顿。后世称为马其顿的地区大致与古代王国的疆域一致。

## 4. 托勒密王朝

托勒密王朝（公元前323—前30），希腊人在埃及建立的王朝。由亚历山大大帝部将、留驻埃及的总督托勒密·索特尔（约公元前367—前283）所建。公元前323年亚历山大死去，托勒密成为埃及的实际统治者。后与亚历山大的其他部将互相混战，最终占有埃及。公元前305年，托勒密正式称王，为托勒密一世，最后的君主是女王克利奥帕特拉七世和其儿子托勒密十五世·小恺撒。王朝的诸位君主都被埃及历史上认为是法老。

王朝盛时包括埃及本土、地中海的一些岛屿、小亚一部分、叙利亚、巴勒斯坦的一些地区。首都为亚历山大里亚。王朝的统治主要依靠希腊—马其顿的殖民者，他们控制了整个国家的中央和地方政权。托勒密王朝时期，全埃及的土地属于国王。耕种者主要是王田农民，他们是构成居民的主要组成部分，有人身自由，但在政治和生产上受到严格的监督。奴隶制盛行。由于奴隶主的剥削，埃及人民多次起义。公元前30年，罗马军队开进埃及，女王克里奥帕特拉七世自杀身亡，托勒密王朝崩溃。

# 封建王朝

## 罗 马 帝 国

罗马帝国（Roman Empire）（公元前27—1453），中国古书称为大秦，是古代罗马文明的一个阶段，罗马曾经有数百年的共和制时代，但自从斯巴达克斯起义以来，罗马进入了军人执掌政权的时代，并通过两次"三头执政"后，屋大维自命为"奥古斯都"，成为罗马的独裁者，从此罗马就进入了"罗马帝国"时代。

屋大维建立帝国后，创立元首制，称奥古斯都。罗马帝国一般被分为前期帝国（公元前27—公元192）和后期帝国（公元193—476）两个阶段。前期帝国经朱里亚·克劳狄王朝、弗拉维王朝，至安冬尼王朝（五贤帝时代）达到鼎盛。国家稳定、社会繁荣，被称之为罗马的黄金时期。后期帝国从三世纪危机起，经伊利里亚诸帝、戴克里先的四帝共治、君士坦丁大帝的帝国，至狄奥多西一世死后将帝国正式分为两部分（公元前395年）。西部在内忧外患中衰落，在公元前476年奥多亚克废黜最后一个西罗马帝国皇帝罗慕路·奥古斯都路斯，西罗马帝国灭亡。而东部帝国直到1453年为奥斯曼帝国所灭，史学家多称东罗马帝国为拜占庭帝国。

# 波斯帝国

波斯帝国又称阿契美尼德王朝。波斯帝国从米索不达美亚横跨到印度，由里海伸展到波斯湾，势力括及今天的伊拉克、伊朗和阿富汗。为了要控制今天的叙利亚、土耳其、巴勒斯坦、以色列、埃及和阿拉伯，波斯人与罗马人和后来的拜占庭人作战。波斯帝国的首都是戴西丰，即今天的巴格达。

公元前550年，居鲁士领导波斯各部落推翻米堤亚王国，建阿契美尼德王朝（一说始于公元前558年），定都苏萨，是为波斯帝国之始。继而向外扩张，征服小亚细亚、两河流域、叙利亚等地，又向东占领大夏（巴克特里亚）、粟特等，但在和北方游牧部落马萨盖特人作战时居鲁士失败被杀。其子冈比西即位后，率兵征服埃及（公元前525年），因发生高墨达政变（公元前522年），返国途中暴卒。大流士一世镇压高墨达政变和各地起义，夺得政权，实行巩固中央集权的改革，继续扩张领土，帝国疆域东起印度河，西至爱琴海及非洲东北部（埃及）。前五世纪初（大流士一世在位时），波斯不断西进导致持续约半个世纪的希波战争，最后以波斯失败告终。波斯的统治激起各地人民的不断反抗，境内经常爆发反波斯统治的起义。公元前四世纪以后，国势转衰（公元前404—前343年埃及曾获独立）。公元前333年，大流士三世被马其顿亚历山大大帝彻底打败，公元前330年被杀，波斯帝国灭亡。

# 东　汉

　　东汉（公元25—220），又称后汉。是中国古代强大而统一的一个朝代，与西汉合称汉朝。由汉世祖光武帝刘秀建立，历12帝，共196年。后世所说的"大汉王朝"即是指西汉与东汉这两大王朝400余年的历史时期。因汉光武帝建都洛阳，故称东汉。

　　东汉提倡儒学，太学林立，学术气氛浓厚，故而东汉在中国历史上的科技和文化发展中占有非常突出的地位，取得了前所未有的巨大成就。蔡伦在前人的基础上改进和创新了造纸术，人类历史上真正意义的"纸"——"蔡侯纸"诞生了，从而使中国结束了"竹帛"时代，这是一个划时代的变革，为中国乃至世界的文明发展作出了不可磨灭的巨大贡献；东汉还诞生了中国历史上最杰出的科学巨人——张衡，他发明了水运浑天仪与地动仪，尤其是地动仪，直到1700多年之后，欧洲才发明了类似的仪器。他在天文学巨著

《灵宪》中对月食成因的解释，使他成为了世界上第一个科学地揭示了月食成因的人。此外，被称为文宗字祖的许慎所著的《说文解字》成为了汉字学的开山鼻祖，故后人研究汉字必先读《说文解字》；张仲景的《伤寒杂病论》是中医史上的不朽之著，成为了日后中医学的"医方之祖"。华佗是世界上第一个使用了全身麻醉进行外科手术的人，在医学比较落后的封建时代，这是一个非常了不起的成就；班固所著的《汉书》，开创了纪传体断代史的先河，成为了继《史记》之后的又一部史学巨著。在中国漫长的封建社会历史上，各个领域都出现了杰出的代表性人物，其中"纸圣"为蔡伦，"科圣"为张衡，"医圣"为张仲景，字圣为"许慎"，仅东汉一代就出现了四位"圣人"，这是一个非常了不起的成就。

公元190年，刚刚平定了"黄巾之乱"的东汉王朝又逢"董卓之乱"，中央大权逐步落入董卓等权臣之手，而其他在外带兵的将领与地方豪强也借助于围剿黄巾军的机会掌握了大量的武装，从而揭开了东汉末年军阀混战的大幕，董卓、袁绍、曹操、孙坚、刘备等人纷纷登上了历史的舞台。公元220年（东汉延康元年），曹操病死，沿袭了魏王爵位的曹丕逼迫汉献帝让位，在洛阳称帝，国号"大魏"，东汉灭亡。自光武帝开基创业到汉献帝让位于魏王曹丕，东汉王朝历十二帝，立国196年。

# 秦　朝

公元前221年，秦始皇完成古中国的统一大业并建立了中国历史上第一个多民族的统一的中央集权的国家。

作为一个大一统王朝，在幅员辽阔的统治区域内，创立了高度集中的中央集权的政治制度。

政治方面：确立至高无上的皇权。皇帝拥有至高无上的权利，凡行政、军事、经济等一切大权，均由皇帝总揽；建立从中央到地方的官制和行政机构即三公九卿制。三公分别为丞相（帮助皇帝处理全国的政事）、太尉（负责管理军事)、御史大夫（执掌群臣奏章，下达皇帝召令，兼理国家监察事务），互相没有统属关系，由皇帝掌握最终决断权。地方实行郡县制，皇室任免郡县的主要官吏。

经济方面：实行土地私有制，按亩纳税；统一度量衡，统一货币；统一车轨，修驰道。

文化方面：书同文，将小篆作为标准文字；"焚诗书"，加强思想控制；以吏为师，严禁私学。

公元前 209 年陈胜、吴广领导的农民起义爆发，这是中国历史上的第一次农民起义，影响极为深远。公元前 207 年 11 月左右，秦朝被推翻。

# 著名历史事件

## 文 艺 复 兴

文艺复兴（意大利语：Rinascimento）是一场发生在公元14—17世纪的文化运动，在中世纪晚期发源于意大利的佛罗伦萨，后扩展至欧洲各国。"文艺复兴"一词亦可粗略地指代这一历史时期，但由于欧洲各地因其引发的变化并非完全一致，故"文艺复兴"只是对这一时期的通称。这场文化运动囊括了对古典文献的重新学习，在绘画方面直线透视法的发展，以及逐步而广泛开展的教育变革。传统观点认为，这种知识上的转变让文艺复兴发挥了衔接中世纪和近代的作用。尽管文艺复兴在知识、社会和政治各个方面都引发了革命，但令其闻名于世的或许还在于这一时期的艺术成就，以及列奥纳多·达·芬奇、米开朗琪罗等博学家作出的贡献。

绝大部分历史学家相信，对文艺复兴这一概念的阐述源于13世纪晚期的佛罗伦萨，特别是在但丁（1265—1321）、彼特拉克（1304—1374）的著作以及乔托（1267—1337）的绘作诞生的时代。

### 文艺复兴的作品思想

文艺复兴时期的作品，当中体现了人文主义思想：主张个性解放，反对中世纪的禁欲主义和宗教观；提倡科学文化，反对蒙昧主义，摆脱教会对人们思想的束缚；肯定人权，反对神权，摒弃作为神学和经院哲学基础的一切

权威和传统教条；拥护中央集权，反对封建割据，这是人文主义的主要思想。其中，代表性作品有：但丁的《神曲》、薄伽丘的《十日谈》、马基维利的《君主论》、拉伯雷的《巨人传》、康帕内拉的《太阳城》等。

文艺复兴时期的艺术歌颂了人体的美，主张人体比例是世界上最和谐的比例，并把它应用到建筑上，一系列的虽然仍然以宗教故事为主题的绘画、雕塑，但表现的都是普通人的场景，将神拉到了地上。

人文主义者开始用研究古典文学的方法研究《圣经》，将圣经翻译民族语言，导致了宗教改革运动的兴起。

人文主义歌颂世俗蔑视天堂，标榜理性以取代神启，肯定"人"是现世生活的创造者和享受者，要求文学艺术表现人的思想感情，科学为人谋福利，教育要发展人的个性，要求把人的思想感情和智慧从神学的束缚中解放出来。提倡个性自由，因此在历史发展上起了很大的进步作用。

### 文艺复兴的重要意义

有一段时间，文艺复兴是简单地恢复了古典文化。其实，文艺复兴并不是真正要"恢复"古典的文化，而是借此抨击当时的文化和制度，以建立新的文化，为建立新的社会制度体系造舆论。

文艺复兴是一次逐渐发展的时期，没有明确的分界线和事件。但文艺复兴使当时的人们思想发生了变化，导致了宗教改革和激烈的宗教战争。后来的启蒙运动以文艺复兴为自己的榜样。19世纪的历史学家认为后来的科学发展、地理大发现、民族国家的诞生都是源于文艺复兴。文艺复兴是"黑暗时代"的中世纪和近代的分水岭，是资产阶级革命的舆论前提。文艺复兴是使欧洲摆脱腐朽的封建宗教束缚，向全世界扩张的一个前奏曲。

# 空想社会主义

社会主义经历了一个从空想到科学的发展过程。

19世纪早期，出现了空想社会主义，空想社会主义著名代表人物，他们是法国的圣西门、傅立叶和英国的欧文。

他们深刻揭露了资本主义的罪恶，对未来的理想社会提出许多美妙的天才设想。他们企图建立"人人平等，个个幸福"的新社会。这些思想对启发和提高工人觉悟起了重要的作用。但是空想社会主义只是一种不成熟的理论，反映了正在成长中的无产阶级最初的、还不明确的愿望。他们不能揭示资本主义的根本矛盾和发展规律，不懂得阶级斗争，不认识无产阶级的历史使命，所以他们的社会主义只能是一种无法实现的空想。当无产阶级成长为独立的政治力量，就需要有一个建立在科学基础上的革命理论来代替它。

科学社会主义诞生前存在着无产阶级先驱者的不成熟的社会主义、共产主义理论和实践。空想社会主义产生于16世纪，终结于19世纪三四十年代，是资本主义生产方式产生和成长时期剥削者与被剥削者间对立的反映，是在理论基础上建立起来的现代无产阶级先驱者的思想体系。它分三个阶段。

16～17世纪的空想社会主义，主要特点是：对未来的理想社会制度只是一种文学描述；提出社会主义（或共产主义）的基本原则，如公有制、人人劳动、按需分配等，但还是一个粗糙而简单的轮廓；在设计未来理想社会方案时以手工工场为原型。这时期的空想社会主义者以莫尔、闵采尔为代表。

18 世纪的空想社会主义，主要特点是：认识进入理论探讨和论证阶段，并用"法典"的形式作出明确的规定，对人类社会发展规律的探索，对私有制特别是资本主义私有制的批判，对私有制引起的经济上的不平等，进而导致政治上的不平等的论述，对过去所有的国家制度都是建立在私有制基础上并为富人服务的分析等，已经接近历史的实际；有了初步的阶级观点，绝对平均主义的、苦修苦练的、禁欲主义的、斯巴达式的共产主义是其突出特点；在设计未来理想社会的蓝图时，以农村公社和手工工场为原型。这时期的空想社会主义者以摩莱里、巴贝夫为代表。

19 世纪初期的空想社会主义，是空想社会主义发展到顶峰的时期，其主要特点是：批判矛头直接对准资本主义制度；理论上提出了经济状况是政治制度的基础，私有制产生阶级和阶级剥削等观点，并用这种观点去分析历史和现状，从而预测到资本主义制度的剥削本质；在设计未来社会蓝图时以大工厂为原型，完全抛弃了平均主义和苦修的禁欲主义，使社会主义成为一种具有高度的物质文明和精神文明的社会。这时期的空想社会主义者以圣西门、傅立叶和欧文为代表。

他们甚至进行了社会实验，1824 年欧文在美国印第安纳州买下 1214 公顷土地，开始新和谐移民区实验，但实验以失败告终。

# 相关人物传记

## 罗马帝国的无冕之皇——恺撒

盖乌斯·尤利乌斯·恺撒（公元前 100 年—前 44），古罗马杰出的军事家、政治家和作家，罗马共和国末期的独裁者。

出身于罗马著名的尤利乌斯家族，父亲曾任行政长官。少年时期学习过修辞学和演说术，受过良好的教育，从政初期曾是民主派领袖，反对贵族派。历任财务官、检察官、祭司长和大法官等职。公元前 60 年与庞培、克拉苏结成三头同盟，共同统治罗马共和国，史称"前三头"。公元前 58 年取得高卢总督职位，几年内征服了高卢全境。他不仅有大量财富，更重要的是他训练了一支忠于自己的强大军队。公元前 49 年，凯撒打败了庞培，夺取了政权（克拉苏已在一次对帕提亚的作战中死去）。以后几年间，他获得无限期的独裁权力，集执政官、独裁官等大权于一身，成为一个名副其实的军事独裁者。共和国名存实亡，元老院权力日渐削减。恺撒实行的一些措施，如将行省土地分给 8 万老兵，减轻负债者的债务，惩治贪污勒索官吏等，触动了元老们的利益，引起元老贵族的不满。公元前44年3月15日，在元老院议事厅，被以布鲁图和喀西约为首的反对派刺死。恺撒留下两部有历史价值的著作，即《高卢战记》《内战札记》。

恺撒是罗马帝国的奠基者，故被一些历史学家视为罗马帝国的无冕之皇，有恺撒大帝之称。甚至有历史学家将其视为罗马帝国的第一位皇帝，以其就任终身独裁官的日子为罗马帝国的诞生日。影响所及，有罗马君主以其名字"恺撒"作为皇帝称号；其后之德意志帝国及俄罗斯帝国君主亦以"恺撒"作为皇帝称号。

## 千年风云第一人——成吉思汗

成吉思汗，本名铁木真，孛儿只斤氏，姓孛儿只斤，乞颜氏，蒙古族，元代追上庙号太祖。在蒙语中，"成吉思"是"大海"的意思，颂扬他和海洋一样伟大。生于1162年，卒于1227年。1206年，进位蒙古帝国大汗（皇帝），统一蒙古各部落。在位期间，征服地域西达黑海海滨，东括几乎整个东亚，为世界历史上著名的横跨欧亚、两洲的大帝国之一，1995年12月31日成吉思汗被美国《华盛顿邮报》评选为"千年风云第一人"。这个结论是依据"人类文明史上第二个1000年（1000—1999）中，何人缩小了地球、拉近了世界"的标准而产生的。成吉思汗及其子孙们在40多年时间里连续发动一系列西征战争，建立起庞大的蒙古帝国，将东方和西方连为一体。"千年第一人"当之无愧。

成吉思汗父亲为其乞颜部酋长也速该。其名字"铁木真"之由来，乃是因为在他出生时，乞颜部正好俘虏到一位属于敌对部族，名为铁木真·兀格的勇士。按当时蒙古人信仰，在抓到敌对部落勇士时，如正好有婴儿出生，该勇士的勇气会转移到该婴儿身上。成吉思汗"铁木真"之名遂因此而来。传说成吉思汗出生时，手中正拿着一血块，寓意天降将掌生杀大权。

铁木真小时曾与札木合结拜为兄弟。后来其父遭塔塔儿族杀害（怀疑被

毒死），身为长子的铁木真，要携母和弟妹们走到不峏罕山区，逃避塔塔儿族追捕长达数年，自此形成他刚毅忍辱性格。成年后，铁木真之妻被抢，而他也落荒而逃至札木合处借兵报仇。自此两人的部落共同生活。其间铁木真提拔一些非贵族的人为将领，引发札木合不满，最终导致决裂，札木合还伏击偷袭铁木真的部队。

在铁木真努力下，其部族再次强大。塔塔儿部首领蔑兀真笑里徒反抗金朝，金朝大将军完颜襄约克烈部王罕和铁木真联合出兵进攻塔塔儿，塔塔儿部大败，蔑兀真笑里徒被杀。铁木真遂被金朝封为"札兀忽里"，即部落官。1201年，铁木真联合王罕，击败札木合部。并于次年全歼残余的塔塔儿人，忆起少年时几遭塔塔儿所害，遂将多名塔塔儿士兵下锅油炸，手法残忍震惊蒙古诸部族。

1202年，王罕骗铁木真赴婚宴不成，联合札木合夹击铁木真。这是铁木真经历的最为惨烈的一仗。他逃到贝尔湖以东才避过一劫。并在当年秋天突袭王罕驻地，三天后完全消灭克烈部。王罕逃到鄂尔浑河畔之后被乃蛮人杀死。而其子桑昆则逃到库车，被当地人杀死。1206年，札木合被叛变的将领送到铁木真之手，札木合请死，铁木真杀了他。尔后，铁木真统一蒙古草原的众部族。在斡难河（今鄂嫩河）源头召开大会，并得到了"成吉思汗"（蒙古语意为海洋的大汗）的封号，这是蒙古帝国的开始。成吉思汗遂颁布了《成吉思汗法典》，是世界上第一套应用范围最广泛的成文法典，建立了一套以贵族民主为基础的蒙古贵族共和政体制度。

此后，蒙古人开始扩张版图，三次入侵西夏，逼使西夏向蒙古求和，然后进攻金国，在1211年的野狐岭会战大破四十万金军，1214年金迁都汴京，蒙古军在次年攻陷中都，金国在黄河以北之地陆续失守。正当金国危在旦夕时，中亚的花剌子模与蒙古结怨，成吉思汗急于报仇，在1219年亲率蒙古主力西征，金得以苟安一时。成吉思汗在西征时，先后消灭了西辽、花剌子模及许多国家，又派速不台率领蒙古军向钦察草原扩张。

1227年夏历七月十二日，成吉思汗病逝。

# 文艺复兴的代表人物——达·芬奇

　　列奥纳多·达·芬奇（1452—1519）是一位意大利文艺复兴时期的多项领域博学者，其同时是建筑师、解剖学者、艺术家、工程师、数学家、发明家，他无穷的好奇与创意使得他成为文艺复兴时期典型的艺术家，而且也是历史上最著名的画家之一。正因为他是一个全才，所以他也被称为"文艺复兴时期最完美的代表人物"。他生于佛罗伦萨郊区的芬奇镇，卒于法国。壁画《最后的晚餐》、祭坛画《岩间圣母》和肖像画《蒙娜丽莎》是他一生的三大杰作。这三幅作品是达·芬奇为世界艺术宝库留下的珍品中的珍品，是欧洲艺术的拱顶之石。

　　达·芬奇的父母为地主与农妇，他在意大利佛罗伦斯附近的文西城出生与长大。达·芬奇以其画作写实性及具影响力闻名，前者如《蒙娜丽莎》《最后的晚餐》以写实著称，后者像《维特鲁威人》对后世影响深远。他具有超越当时的广泛构思，著名的概念性发明如直升机、坦克车、太阳能聚焦使用、计算机、板块构造论基本原理、双层壳等许多构想。但在他的生平中，这么多的设计只有少数能建造出来或具体可行；现代科学所用的冶金及工程学技术在文艺复兴时代方处于摇篮期。此外，达·芬奇显著提升了解剖学、天文学、土木、水利工程学、光学以及流体动力学等领域的知识水平。他的作品中只有极少数画作流传下来，还有一些散布在形形色色收藏中的绘画、科学示意图、笔记的手稿。

　　目前已知最早有日期记录的达·芬奇作品是1473年8月5日以阿莫谷的笔及墨水绘成的画作。在1476—1478年达·芬奇接受了两件画约，由此臆断当时他有一间自己的工作室。

　　1482—1498年，米兰公爵卢多维科·斯福尔扎聘雇达·芬奇并允许他和学徒开设工作室。1495年米兰公爵企图拯救米兰避免被法国查理斯八世统治，将70吨青铜铸造成武器，而这些材料原本是达·芬奇打算用来制作马雕

塑——葛兰·卡麦罗。

1498 年，当法国回归路易斯十二世统治时，米兰不战而降，斯福尔扎家族因此被推翻了。达·芬奇仍在米兰待了一段时间，直到有一天清晨，他发现葛兰·卡麦罗的实物大小黏土模型被法国弓箭手拿来当做标靶练习。达·芬奇与他的至友兼助手沙莱以及第一个描述复式簿记的朋友卢卡·帕西欧里离开米兰来到曼图亚，两个月后到达威尼斯。在威尼斯，达·芬奇被聘为军事工程师。随后于西元 1500 年的 4 月终回到佛罗伦斯。

在佛罗伦斯，达·芬奇进入教宗亚历山大六世之子凯萨·波吉耳的部门，担任军事建筑暨工程师，并随凯萨·波吉耳游遍意大利。1506 年，达·芬奇回米兰，那时继瑞士佣兵被驱逐出法国，米兰已回归马克西米连·斯福尔扎的统治。

在 1513—1516 年，达·芬奇住在罗马，当时著名的画家像拉斐尔及米开朗基罗在罗马很活跃，不过达·芬奇并没与这些艺术家经常接触。然而在可能违背艺术家的想法下，他却是将米开朗基罗的杰作"大卫像"重新安置在佛罗伦斯的关键人物。

达·芬奇人生最后的三年，受到弗朗索瓦一世的邀请，移居到法国的昂布瓦斯，弗朗索瓦一世则赠予达·芬奇克劳斯·吕斯城堡作为居所，在这三年间，达·芬奇为香波尔城堡设计了螺旋双梯。1519 年，达·芬奇死于弗朗索瓦一世的怀内，其后葬于昂布瓦斯城堡的圣·于贝尔小教堂。